SOCIAL MEDIA MARKETING

SNS マーケティング 7つの鉄則

GiftX
飯高悠太
IITAKA YUTA

スノードーム
室谷良平
MUROYA RYOHEI

ホットリンク
鈴木脩平
SUZUKI SHUHEI

日本経済新聞出版

はじめに

「自分がバズるか」よりも「いかにUGC（クチコミ）がバズるか」。
自分がバズろうとしていませんか？

SNS活用の分野では、毎年のように新刊が出ています。それでも、SNSの本質を理解されている方はまだまだ少ないのではないでしょうか。
一生懸命に企業の公式アカウントから投稿を繰り返し、いかにバズるかに注力してきた方が多いと思いますが、今やSNS上のUGC発信を通じて、お客様がお客様を連れてくるという構造ができています。この新たな構造をうまく活用して、効率の良いマーケティングをしましょう、という提案が本書の主旨です。

SNSの領域は変化が激しい領域です。本書執筆中の2023年7月には、Meta社がThreads《スレッズ》というTwitter（当時：現在はX）に似たアプリをリリースしました。サービス開始から5日で登録者数が1億人を突破するなど、過去にない勢いで成長しています。今後も各社からこのような新たなサービスが登場していくでしょうが、変わらない本質的な部分もあります。

本書は、誤解多きSNSマーケティングについて、データとファクトに基づき徹底的に探求し、その本質を伝えるために著しました。著者陣はSNSマーケティング支援をおこなう株式会社ホットリンクでSNSマーケティング支援事業に携わった仲間で、これまで外資系企業から大企業、スタートアップまで、様々なクライアントの支援に従事してきました。

本書は次のような構成になっています。

第1章ではSNSが独自の発展を遂げている中国の事例や、中の人の手法の限界、顧客接点をとりまくメディア環境の変化について解説しました。

第2章では、普段あまりSNSに馴染みがない方に向けて、一般的なSNSの概要について整理しています。変化の激しいSNSであっても、変わらない本質があります。

第3章では、まだまだ知られていないSNSの7つのファクトについて紹介します。拡散のメカニズム、話題の持続性、集めるべきフォロワーの特性など、より的確な消費者行動の理解やメディア構造の把握に活用していただければと思います。

第4章は実践編です。主にSNSやプロモーション担当の方に向けて、SNS戦略の立案や動画SNS、UGC生成やインフルエンサーとの関わり方など成果につながるSNSマーケティングの鉄則を7つまとめています。

SNSを通じてよりよいお客様との関係構築を図っていく。本書がそのきっかけになれば嬉しいです。

CONTENTS

第2章 メディアの本質 047

第4章 成果につながるＳＮＳマーケティング7つの鉄則　153

4-5 鉄則4：プラットフォーム特性の理解が動画を伸ばす 234

4-6 鉄則5：インフルエンサーはフォロワー数で選ばない 254

第1章

「中の人」の限界

SNSマーケティング
7つの鉄則

SOCIAL MEDIA MARKETING

1-1 SNS・デジタルプラットフォーム先進国「中国」のリアル

日本の5年先をいく中国から学ぶ

「プライベートでLINEやFacebookはやっているけれど、X（旧Twitter：本書では旧称を使用）やInstagramはやっていない。ビジネスでの活用方法がピンとこない」という方は、考え方のアップデートが必要です。

総務省が行った「令和4年度情報通信メディアの利用時間と情報行動に関する調査」[1]によると、10代のTikTok《ティックトック》利用率は66・4％で、Facebookの利用率（11・4％）よりも高い結果となっています。SNSおよびデジタルプラットフォームは、あなたが思っているよりも速いスピードで浸透し、進歩しているのです。

これらのプラットフォームはアメリカ発が大半ですが、中国のSNS・デジタルプラットフォームは独自な進化を遂げており、我々にとってもビジネスに活かせる示唆に富む事例も多いです。日本の5年先をいくといっても過言ではない中国のSNS・デジタルプラットフォームの状況から、日本の未来のマーケティング活動の姿を見ていきましょう。

図表 1-1　主なソーシャルメディア系サービス / アプリ等の利用率（全年代・年代別）

単位［%］

	全年代	10代	20代	30代	40代	50代	60代
LINE	94.0	93.6	98.6	98.0	95.0	93.8	86.0
Twitter	45.3	54.3	78.8	55.5	44.5	31.6	21.0
Facebook	29.9	11.4	27.6	46.5	38.2	26.7	20.2
Instagram	50.1	70.0	73.3	63.7	48.6	40.7	21.3
TikTok	28.4	66.4	47.9	27.3	21.3	20.2	11.8
Youtube	87.1	96.4	98.2	94.7	89.0	85.3	66.2
ニコニコ動画	14.9	27.9	28.1	17.1	9.1	10.4	7.7

N＝1,500（10代140、20代217、30代245、40代314、50代307、60代272）
出所：総務省情報通信政策研究所「令和4年度情報通信メディアの利用時間と情報行動に関する調査報告書」をもとに筆者作成

売り場化していくソーシャルメディア

中国では、SNSにEC機能[2]が備わっており、SNSがソーシャルコマース[3]と呼ばれる業態に進化しています。SNSは情報発信だけでなく「物を買う場所」としての役割も担うようになっています。

ソーシャルコマースは、店舗でのウィンドウショッピングに近い体験をもたらすようになりました。「なにかいいものがないかな」という、欲しいものが顕在化していない顧客層に対しても、購買の導線を作ることに成功しています。

この「ソーシャルメディアの売り場化」は、SNSマーケティングを行うにあたって見逃してはならない変化といえ

1　総務省「令和4年度 情報通信メディアの利用時間と情報行動に関する調査」
https://www.soumu.go.jp/iicp/research/results/media_usage-time.html

ます。

中国のSNSでは、さまざまなデータをもとに、消費者の興味・関心や欲しいものが可視化できるようになってきています。ソーシャルメディアへ投稿された文字や画像、それらに対する「いいね」というアクションは、すべて消費者の興味・関心に関する情報として、各プラットフォームのデータベースに蓄積されます。そうやって蓄積されたデータが、今度は人間の意思決定に影響を与えます。

SNSは単なるメディアではなく、物を買う場であり、趣味嗜好を発信・受信する場であり、検索する場にもなっています。コミュニケーションツールから、もはや生活インフラを支える基盤になってきています。SNSは生活者の消費行動と深く紐づいているため、SNSを無視して十分なマーケティング活動を行うことは難しくなってきているともいえます。

比較検討から衝動買いへ

中国ではAttention・Interest・Purchase・Loyalcustomer の頭文字を取ったAIPL（アイプル）というフレームワークが生まれています。Attention・Interest の次に、Purchase（購入）が来るの

図表 1-2　インタレストコマースのイメージ

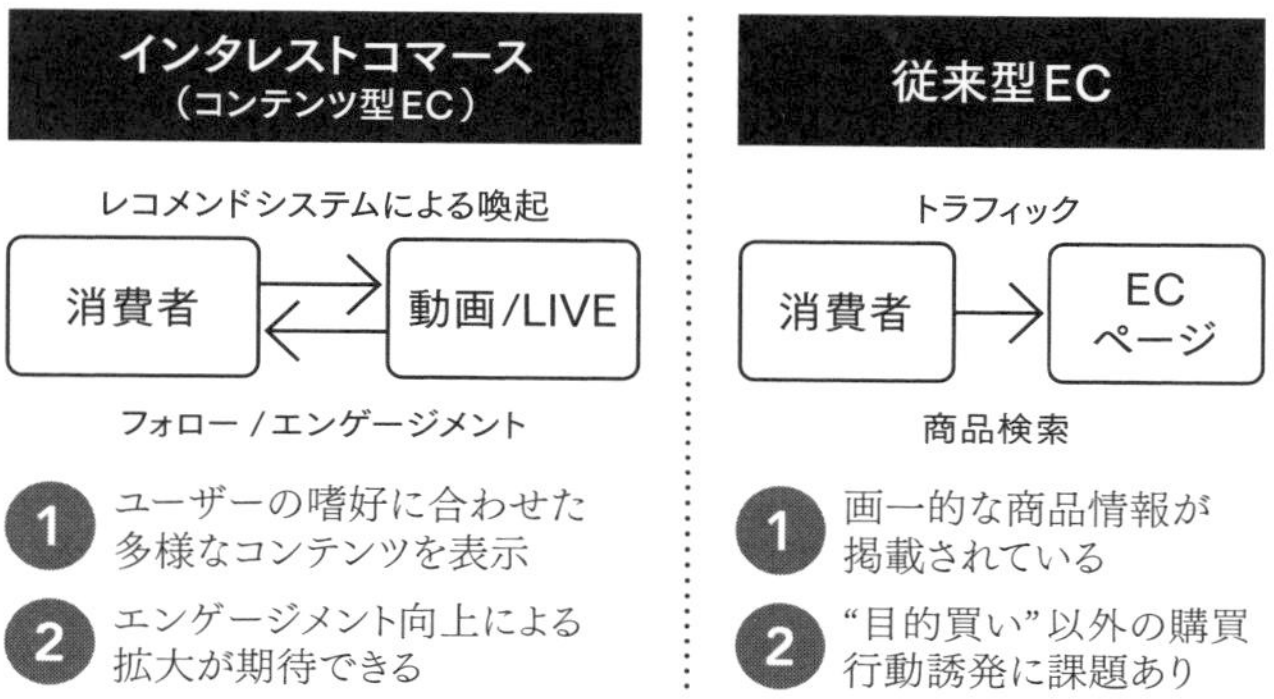
インタレストコマース
（コンテンツ型EC）
レコメンドシステムによる喚起
消費者
動画/LIVE
フォロー/エンゲージメント
1 ユーザーの嗜好に合わせた多様なコンテンツを表示
2 エンゲージメント向上による拡大が期待できる
従来型EC
トラフィック
消費者
EC
ページ
商品検索
1 画一的な商品情報が掲載されている
2 “目的買い”以外の購買行動誘発に課題あり

がＡＩＰＬの特徴です。このＡＩＰＬモデルを支えているのが、短尺動画プラットフォームの抖音（Douyin／ドウイン）です。

　これまでは、興味を持ったアイテムをカートに入れたり、お気に入りに登録しておいて、セールの時に買う、あるいは、検索してレビューを見て購入する、といった「能動的な検索行動」が一般的なものでした。

　一方で、興味があるものを「検索する」のではなく、「これ、いいな」と思ったときに、その場で買う。抖音などの高機能なショッピング機能を持つＳＮＳでは、衝動買いに近い消費行動が見られます。これが「インタレストコマース」[4]です。プラットフォーム側からおすすめされた商品を「いいな」と思った瞬間に購入する、「受動的なショッピング行動」と言えます。

　中国の消費者も、以前は主体的に買う物を探したり、さまざまなクチコミを見て、消費者自らが意思決定をすることが主流でした。現在は、プラットフォーム側からレコメンドされて受動的な買い物を楽しみたい消費者も多く存在します。消費者が受動化しているのです。ECの在り方とともに、消費行動も移り変わっています。

抖音では、ユーザーがハッシュタグ[5]検索をしてたどり着いた動画の中に商品を購入するための導線があり、そこから購入するという消費行動も見られます。一方で、抖音側からレコメンドされた動画をきっかけに商品に興味がわいて、購入に至るという受動的購入行動も起きています。

「ライブコマースは当たり前」の時代に備える

中国ではインターネットで動画を見ることはすでに当たり前になっており、テキストコンテンツはほとんど読まないというユーザーも少なくありません。中国では、テレビを代替するかのように動画を見るユーザー、さらには、ライブ配信を楽しむユーザーが多いのです。

今後、ライブ配信を視聴するユーザーが増えると、他のSNS・デジタルプラットフォームも追随してライブ配信機能を搭載していくかもしれません。動画コンテンツやライブコマース[6]の一般化に備えて、デジタルでの顧客接点を重要視しなくてはなりません。

ライブコマースを通じたコミュニケーションは、オフライン体験のDX（デジタルトランスフォーメーション）化の一環であると捉えられます。インフルエンサーが、店舗の販売スタッフや美容部員、コンシェルジュのような立ち位置になり、ライブを視聴するユーザーへ商品を勧めていきます。

中国のライブコマースは、もはや特別なものではなく、マーケティングで「やって当たり前の施策」になってきています。さらに、「インフルエンサーがライブコマースで物を売る」という段階から発展し、小売店の従業員や百貨店の美容部員が、いろんな人を巻き込んで24時間ライブをやっているような状態です。

2 **EC** Electronic Commerce（電子商取引）の略で、ネット通販など、インターネットを利用した商品やサービスの売買を指す。

3 **ソーシャルコマース** 外部のECサイトに遷移することなく、ソーシャルメディア上で完結する電子商取引のこと。例えば、抖音には「抖音小店」というEC機能があり、動画やライブ配信を行う際に商品購入用のリンクを貼ることで、抖音上で商品を購入できる仕組みになっている。

4 **インタレストコマース** 消費者が関心のある特定のトピックやテーマに基づいて、商品を販売すること。Amazon や Netflix、Pinterest など、多くのWebサービスに実装されている。

5 **ハッシュタグ** #と文字列で構成されるタグ。Twitter や Instagram など、さまざまなSNSで使用されている。

6 **ライブコマース** ライブ動画やストリーミング配信などを利用した、商品やサービスの販売方法。インターネットを利用してリアルタイムで商品やサービスを紹介し、購入手続きを行うことができる。

消費者は、テレビを見るのと同じように、ライブコマースを扱うチャンネルや番組を好きなように選びます。テレビにおけるバラエティ番組やドラマのように、中国ではライブコマースに関する番組が、視聴者との相互性やエンタメ性のあるコンテンツとして毎日さまざまなチャンネルで放送されています。その中から自分が好きなインフルエンサーや好きなブランド、あるいは趣味嗜好に紐づいたコンテンツを見つけて、楽しんでいます。

特定のライブを見るだけではなく、ライブコマースを1日中ずっと流し見している層も存在します。この背景には、娯楽が少ないという事情も影響しているでしょう。こうした大流行をふまえると、日本でもライブコマースが当たり前のマーケティング施策の一つになると予想できます。

日本で中国ほどのスピード感でライブコマースが拡大していないのは、インフラ整備の問題に限らず、決裁に関する法的なしばりのほか、中国と比較すると日本には消費者にとっての娯楽が多いことも要因として挙げられそうです。

それでも、「おもしろいからライブコマースを見る」や「自分が好きなインフルエンサーやクリエイター、ライバーを見ていて、その人がお勧めするものを買う」という流れは、高い確率で生まれるでしょう。日本でも動画を活用したマーケティングはすでに始まっていますが、動画が浸透したら、次はライブコマースの時代が訪れると言えそうです。

ライブコマースに関しては、リアルタイム性が注目を浴びていくでしょう。メタバースやVR[7]（仮想現実）と融合していくと、バーチャルリアリティの中でリアルタイム接客が行われるようになるかもしれません。

「自社でライブコマースを始めるとして、やり続けられるか？」を疑問に感じている日本企業は多いかもしれません。中国では内製化に加えて、信頼できるパートナーに完全委託することも珍しくありませんが、やり続けることを前提に考えると、自社にどれだけノウハウが蓄積できるかも重要です。従来のCM制作のように、代理店に任せきりにしてしまうとリアルタイム性が失われ、ライブコマースだからこその恩恵を最大限に引き出せないかもしれません。

広告依存なペイドメディアからの脱却

中国では、SNS上に「Look-A-Like」という広告を出すことが可能です。「Look-A-Like」により、企業は自分たちのライブを見てくれているユーザー属性のデータを活用

7 **メタバース** インターネット上に構成される3次元の仮想空間（バーチャル空間）や、同空間で提供されるサービスを指す。2021年10月にFacebookが「今後の成長が見込まれるメタバースの開発を事業の核に据えるため」という理由から、社名をメタ・プラットフォームズ（Meta）に変更したことでも注目を集めた。

図表 1-3 「Look-A-Like」のイメージ

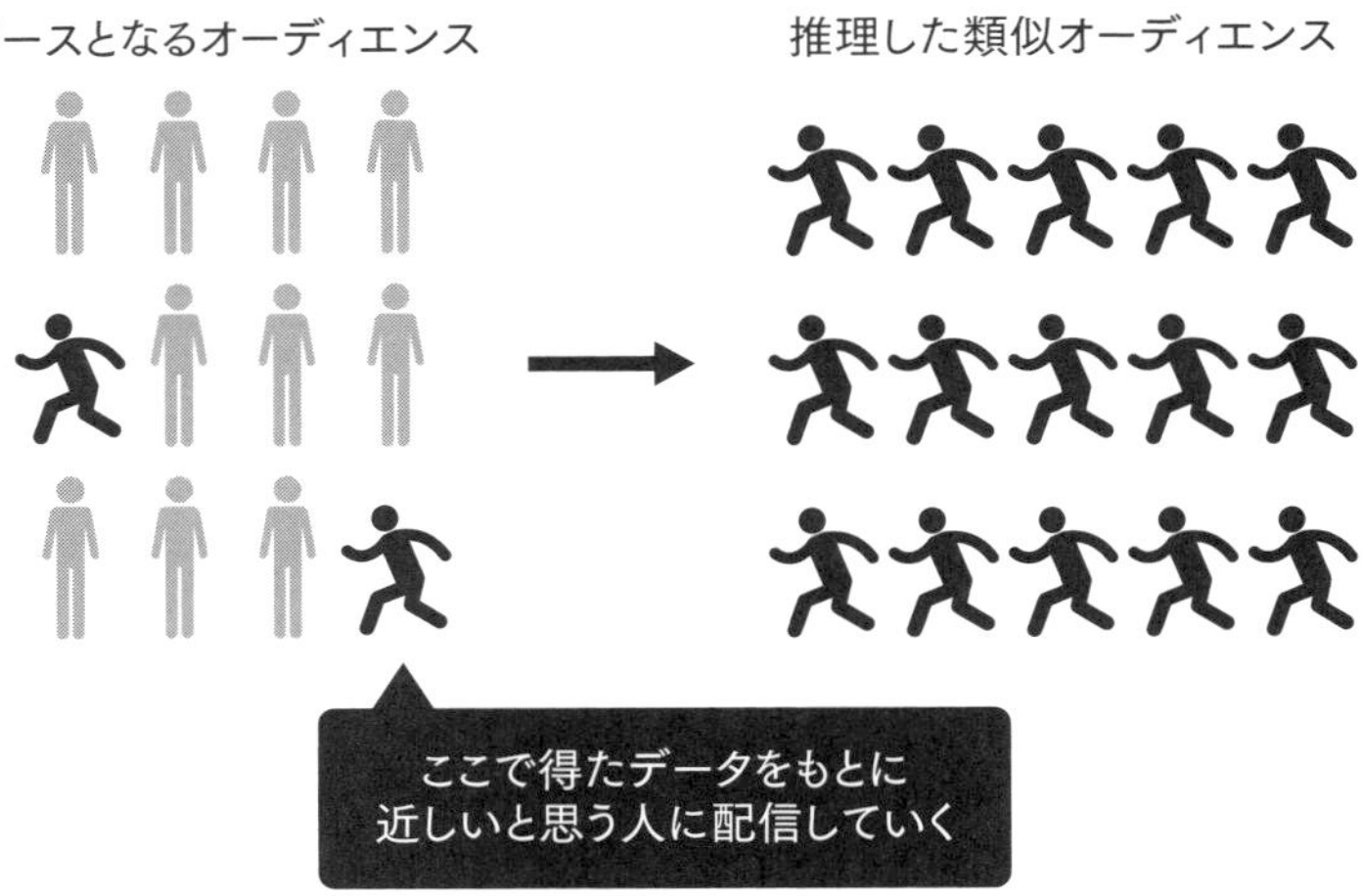
ソースとなるオーディエンス
推理した類似オーディエンス
ここで得たデータをもとに
近しいと思う人に配信していく

し、近い属性のユーザーに向けて広告配信でき、ライブに呼び込むことができます。

中国では、企業が持つ公式アカウントのオウンドメディア[8]を活性化して、そこからいかにクチコミ拡散や、オウンドメディアで得られたデータを広告活用につなげていくかの、トリプルメディアでの統合的な施策が打たれています。集客手法を広告などのペイドメディア[9]だけに依存させず、比較的低コストなオウンドメディア起点に変わりつつあります。

さらに、例えばアパレルA社が同業他社であるアパレルB社の公式アカウントのユーザー群に対して、ターゲティング広告[10]を出すことが可能です。先述の「Look-A-Like」によって、自社アカウントだけでなく、競合アカウントのデータを活用して新たなファンを呼び込むことができるというわけです。ブランドはファン（フォロワー）獲得後も、常に競争にさらされ続けることになります。

つまり、いかに顧客の離脱を防ぐかという視点が求められます。自社ブランドはユーザーコミュニケーションの深度、接触回数、ユーザーとのエンゲージメントを高められるか？ 中国では、競争の軸そのものも進化していっています。

求められるのはインフルエンサーと一般消費者の「間」

日本におけるインフルエンサーは、中国ではKOL（Key Opinion Leader）と呼ばれています（こちらの表現の方が本質を突いていますよね。筆者はこちらの表現が好きです）。消費者にとっての「身近にいるあこがれの人」であり、KOLの発信は宣伝につながります。

8 **オウンドメディア** 企業が保有する自社メディアを指す。企業が情報をコントロールできることが特徴で、自社のWebサイトやECサイトなどが該当する。

9 **ペイドメディア** 企業が広告費を支払うことで広告の掲載枠を獲得し、周知や集客を行うメディアを指す。マスの媒体広告や交通広告、リスティング広告、ディスプレイ広告、SNS広告などが該当する。

10 **ターゲティング広告** インターネット広告の一種で、広告主が特定のターゲットグループに向けて配信する広告手法。ターゲットグループとは、性別・年齢・居住地・趣味・行動履歴などの属性や、デバイスやブラウザの種類など、さまざまな条件で定義される。

図表1-4 「ソーシャルバイヤーによる情報拡散」のイメージ

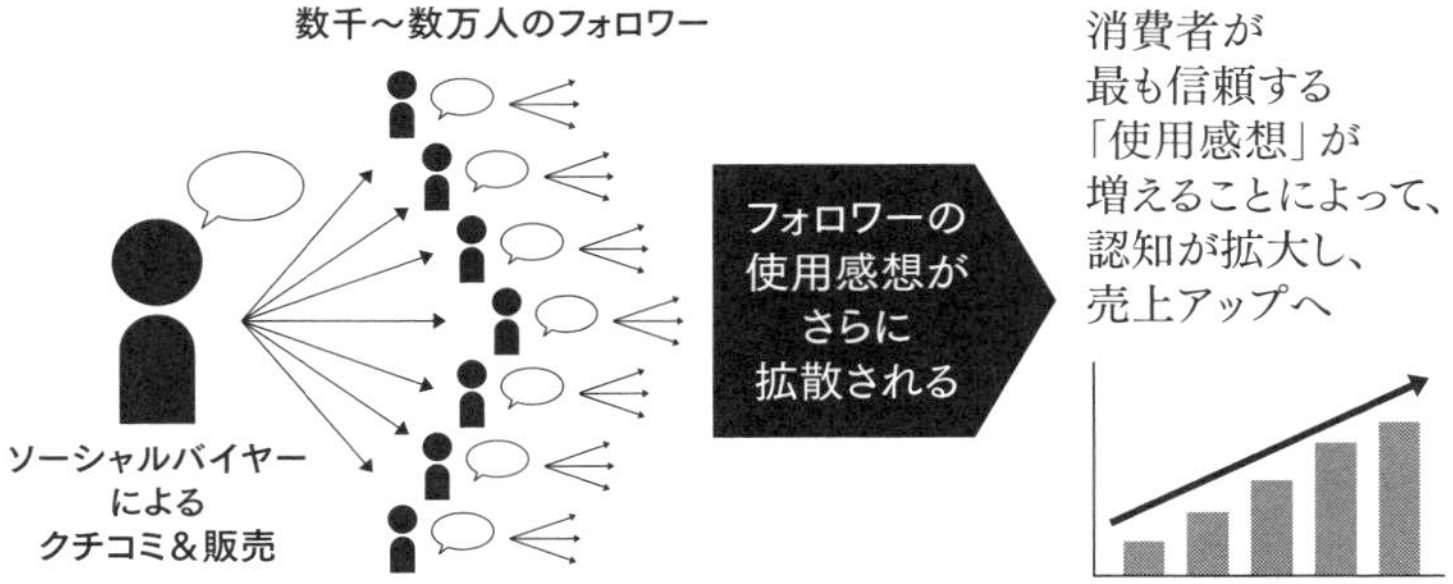
数千～数万人のフォロワー
ソーシャルバイヤーによるクチコミ＆販売
フォロワーの使用感想がさらに拡散される
消費者が最も信頼する「使用感想」が増えることによって、認知が拡大し、売上アップへ

※ソーシャルバイヤーとは、ソーシャルメディアを通じて顧客を集め、外国等から仕入れた商品を販売する、いわゆる代理購入者のこと

KOLに近しい存在として、KOC（Key Opinion Consumer）が挙げられます。KOCは、KOLと一般消費者の間に位置する層で、「影響力の高い一般人」ともいえます。

中国では「インフルエンサーの宣伝するものは怪しい」という見方も生まれているため、「実際に商品を使った人による感想の投稿を信用したい」という声もあがっています。UGC[11]を誘発するためにも、例えば自社のブランドアンバサダー[12]として、一般の消費者たちを巻き込み、KOCをコミュニティ化していく動きもあります。

そのためにも、中国では消費者にSNSで発信してもらうための仕掛けや、KOCとして起用する動きが頻繁に見られます。「どの情報を信じていいかわからない」という状況になったからこそ、KOCの発信が求められる風潮が生まれたといえます。どのような仕掛けが施されているかは、第4章「インフルエンサーマーケティング」[13]の項目で詳しく紹介します。

インフルエンサーの淘汰が始まっている

中国では、単に「面白い」「かわいい」だけのインフルエンサーは淘汰され始めています。もちろん、娯楽として「エンターテイナー」としてのインフルエンサー」も存在意義があります。しかし、消費行動にまでつなげていくようなインフルエンサー活用が企業の間で一般化していくと、「自社のブランドや売上に対して、どのぐらい貢献できるのか」はますます重要視されます。中国のインフルエンサー事情を踏まえると、今後は日本のインフルエンサーも2つのタイプに集約されると考えられます。

11 **UGC** User Generated Contentの略で、ユーザーによって生み出されるコンテンツのこと。クチコミ。

12 **ブランドアンバサダー** 特定の商品やサービスに関する肯定的な情報を発信するために、そのブランドを愛好し、支持する人物のこと。ブランドのイメージを高め、商品やサービスの認知度や販売促進に貢献することが期待されている。

13 **インフルエンサーマーケティング** インフルエンサーに自社の商品やサービスを紹介してもらうマーケティング手法のひとつ。SNS上のプロモーション施策に起用されるケースが多い。芸能人やモデルをはじめ、世間的に影響力が大きい人物だけではなく、SNS上のコミュニティや特定の分野で影響力を持つ人物も「インフルエンサー」に該当する。

図表 1–5　インフルエンサーのマトリクス

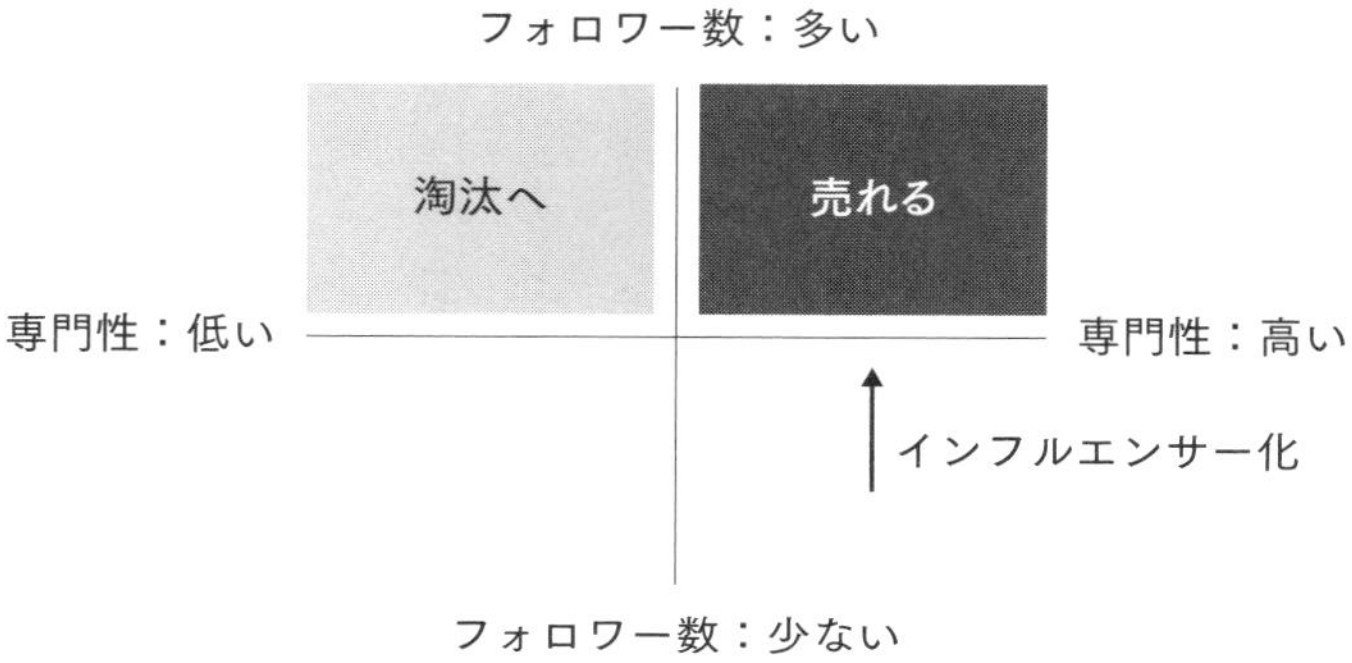

一つ目は、商品を大量に売るインフルエンサーです。消費者の購入欲をかきたてることに長けているセールスパーソンや販売員をイメージいただくと理解しやすいでしょう。こういった立ち位置で、ブランド側・広告主側が重視するROI（投資利益率）を追求してくれ、商品を売る力があるインフルエンサーです。

二つ目は、ブランディングへの貢献度が高いインフルエンサーです。特定の領域の専門家や、「この人のお墨付きなら間違いない」と、ユーザーへ思わせることができるタイプです。こちらも、ブランド側・広告主側から重宝されるでしょう。インフルエンサーマーケティングの行きつく先は、日本も中国と同じだと考えられます。

インフルエンサーマーケティングに関しても、ブランドとマッチしたインフルエンサーを起用し、良質なコンテンツを発信することが重要になっています。例えばTwitterであれば、2022年12月にツイートの閲覧数が表示されるようになり、自社以外のアカウントの閲覧数も可視化されました。デジタルの世界だからこそ、「このインフルエンサーはフォロワー数のわりに成果が出ていない」という事実も暴かれてしまいます。

図表1-5のように、「フォロワー数」と「特定分野における専門性」で整理した場合、「フォロワー数が多くて、専門性が高い人」であれば商品は売れるし、信頼性も高いといえます。「ただフォロワー数が多くて、専門性がない人」は、専門性を持たせられない限りは際立った個性がなく、淘汰されやすいかもしれません。反対に「フォロワー数が少なくて、専門性は高い人」はインフルエンサー化させることで大きな影響力を発揮する可能性があります。

1-2 日本に根付く「中の人神話」

「中の人」手法の終焉

2008年、Twitter と Facebook が日本に上陸しました。ブログの「次」として登場した「SNS」という新しい情報ツールに、IT好きなどの多くのアーリーアダプター[14]が飛びつき、マーケターたちの熱視線が注がれました。ハッシュタグが世界を動かすような社会運動も引き起こしました。

2010年代になると、「中《なか》の人」という言葉が浸透します。この「中の人」、つまりSNS運用担当者を活用したマーケティング手法が、長らく支持されてきました。シャープやNHKなど、硬い印象のあった大企業が Twitter を使って親しみやすい内容の投稿をする、このギャップが注目を集めました。そして、多くの企業が、自社SNSに親近感をいだかせることが大事という認識を持ったのです。SNSを使ったマーケティングとして、「中の人」の個性を活かしたアプローチが主流になりました。

「中の人」を重視した情報発信は今でも実践され続けている手法です。一方で、疑問に思う運用方法もあります。例えばTwitterの企業アカウントに個性的で親近感溢れるキャラクターを設定して、「今日は海の日だぴょん」といった時事的な投稿ばかりする運用です。

商品の宣伝ではなく、ただ、「今日はナントカの記念日」とつぶやいたり、個人の日記のような内容を投稿する。これらがビジネスとして有効な手法なのでしょうか。見込み顧客と接点を取れていますか。商品への関心を高めることができていますか。商品カテゴリーを思い出してくれるようになっていますか。一度、立ち止まって考えてみてください。

もちろんこの「中の人」手法を完全に否定するわけではありません。しかし、尖った「中の人」運用だけでは成果が出しづらくなっているでしょう。どの会社も同じような投稿をしていては、現代の消費者に対して2010年代初めの頃のようなフレッシュな印象は与えられません。

後述するようにメディア環境の変化で、「中の人」手法以外の施策バリエーションも増えています。もし競合が次々と新しいSNS施策を打ち出しており、自社が「中の人」手法だけの施策を

14 **アーリーアダプター** 流行に敏感で、新しい商品やサービス、技術などに早くから興味を持ち、購入したり、利用したりする人物たちを指す言葉。スタンフォード大学の社会学者、エベレット・M・ロジャースが提唱した「イノベーター理論」における消費者層のひとつ。

ずっと続けていたとすると、果たしてそれで顧客獲得をめぐる競争に勝てるでしょうか。

さらに、これは属人性の高い手法です。仮に担当者が異動したり、退職した場合、代替手段はあるでしょうか。転職や副業が当たり前のようになり、人材の流動性が高くなっている時代において、属人的に「中の人」の個性を活用するというリスクを十分に考慮するべきでしょう。

そして、これらのことを一番よく知っているのは現場の「中の人」かもしれません。本当はフォロワー数だけではない数字も追って、「中の人」手法に頼らないSNS活用をしたほうがいいと思っているものの、上層部の理解がなく説得も難しいため諦めているかもしれません。

「中の人」手法だけでは通用しづらくなっています。第3章以降では、「中の人」たちのより一層の活躍であったり、SNSに関わる方々の成果アップにつながるような活用方法を紹介します。

1-3 ブランドについて発信しているのは、企業だけではない

1対nからN対n。減るnと増えるN

総務省がまとめた「令和4年版情報通信白書[15]」によると、2021年の時点で、10代の新聞閲読の行為者率[16]は1・1％と記載されています。

新聞、雑誌、テレビ、ラジオの4マスは**「1対n」の情報伝播の構造**です。企業が主語となり、その媒体の読者や視聴者に届く構造です。新聞に限らず、雑誌やラジオなど多くのマスメディアは、この1対nで情報を届けられて接点をもてるn数[17]が年々減少しています。

15 令和4年版 情報通信白書
https://www.soumu.go.jp/johotsusintokei/whitepaper/r04.html

16 **行為者率** 「情報通信白書」における行為者率の定義は、「平日については調査日2日間の1日ごとに、ある情報行動を行った人の比率を求め、2日間の平均をとった数値。休日については、調査日の比率」。なお、利用率はアンケート調査において「自分が利用している」と回答した割合を指すため、実際に利用した人の割合（行為者率）とは異なる。

17 **n数** アンケート調査におけるサンプル数や、分析の対象となるユーザーやデータの集合数を指す。

また、平日における全年代（10代〜60代）の「インターネット利用」の行為者率は増加傾向にあり、「新聞閲読」は全年代において平日・休日ともに減少傾向です。30〜40代の平日の「インターネット利用」の平均利用時間は「テレビ（リアルタイム）視聴」を上回っています。世代による差はありますが、主要な接点となるメディアも変化しつつあります。

かつてテレビ局や新聞社は、配信チャネルを数社で寡占していましたが、デジタルメディアの台頭もあり、分散化が進みました。マスメディアの発信力は下がり、マスメディアはn数の減少だけでなく、可処分時間[18]の奪い合いにも目を向ける必要があります。

可処分時間もデジタルメディアに奪われている

Webサイトでニュースをチェックしたり、電子新聞を読んだりすることが一般的になりました。スマートフォンやタブレットで情報を流し読みするユーザーも増え、目に留まらない情報は簡単に読み飛ばされてしまいます。記事を読んでいる間にLINEの通知が来たら、すぐさまLINEに移動するユーザーもいます。

また、YouTubeなどの動画サービスやNetflixを始めとするサブスクリプションサービス[19]にも、

図表 1-6　主なメディアの平均利用時間と行為者率（平日１日）

単位［%］

	テレビ（リアルタイム）視聴						
	全年代	10代	20代	30代	40代	50代	60代
2017年	80.8	60.4	63.7	76.5	83.0	91.7	94.2
2018年	79.3	63.1	67.5	74.1	79.2	88.5	91.6
2019年	81.6	61.6	65.9	76.7	84.0	92.8	93.6
2020年	81.8	59.9	65.7	78.2	86.2	91.8	92.9
2021年	74.4	56.7	51.9	65.8	77.8	86.4	92.0

	新聞閲読						
	全年代	10代	20代	30代	40代	50代	60代
2017年	30.8	3.6	7.4	16.6	28.3	48.1	59.9
2018年	26.6	2.5	5.3	13.0	23.1	43.9	52.8
2019年	26.1	2.1	5.7	10.5	23.6	38.5	57.2
2020年	25.5	2.5	6.3	8.8	24.1	39.4	53.7
2021年	22.1	1.1	2.6	5.9	17.9	33.8	55.1

	ネット利用						
	全年代	10代	20代	30代	40代	50代	60代
2017年	78.0	88.5	95.1	90.6	83.5	76.6	45.6
2018年	82.0	89.0	91.4	91.1	87.0	82.0	59.0
2019年	85.5	92.6	93.4	91.9	91.3	84.2	65.7
2020年	87.8	90.1	96.0	95.0	92.6	85.0	71.3
2021年	89.6	91.5	96.5	94.9	94.6	89.4	72.8

	テレビ（録画）視聴						
	全年代	10代	20代	30代	40代	50代	60代
2017年	15.9	13.7	14.4	15.5	17.3	16.1	16.6
2018年	18.7	15.2	16.5	19.1	18.8	20.6	19.7
2019年	19.9	19.4	14.7	21.9	18.9	21.9	21.2
2020年	19.7	14.8	13.6	19.4	23.0	20.7	22.3
2021年	18.6	16.3	13.7	20.9	15.3	20.9	23.0

	ラジオ聴取						
	全年代	10代	20代	30代	40代	50代	60代
2017年	6.2	1.4	3.0	2.3	7.9	9.1	9.5
2018年	6.5	1.1	0.7	4.3	7.4	9.3	11.7
2019年	7.2	1.8	3.3	2.2	6.0	12.2	13.4
2020年	7.7	1.8	3.1	6.0	6.0	13.4	12.1
2021年	6.2	0.7	3.0	3.2	5.4	11.1	10.0

出所：総務省「令和4年版 情報通信白書」をもとに筆者作成

図表 1-7　主なメディアの平均利用時間と行為者率（休日１日）

単位［%］

	テレビ（リアルタイム）視聴						
	全年代	10代	20代	30代	40代	50代	60代
2017年	83.3	66.2	67.6	79.4	83.8	93.4	96.7
2018年	82.2	67.4	66.5	79.8	82.7	91.9	93.0
2019年	81.2	52.8	69.7	78.3	83.7	90.3	94.5
2020年	80.5	54.9	64.3	77.2	85.3	91.6	91.8
2021年	75.0	57.4	49.3	69.6	79.0	84.8	93.5

	新聞閲読						
	全年代	10代	20代	30代	40代	50代	60代
2017年	30.7	3.6	7.9	14.1	29.6	44.6	62.8
2018年	27.6	3.5	6.2	11.7	25.3	42.2	56.9
2019年	23.5	0.7	3.3	9.9	20.2	37.4	51.7
2020年	22.8	1.4	6.6	5.6	19.9	36.6	50.4
2021年	19.3	0.0	2.3	4.0	14.8	29.6	50.4

	ネット利用						
	全年代	10代	20代	30代	40代	50代	60代
2017年	78.4	92.1	97.7	90.5	84.4	73.3	46.1
2018年	84.5	91.5	95.7	92.6	90.4	80.7	63.2
2019年	81.0	90.1	91.0	90.1	84.7	77.3	60.7
2020年	84.6	91.5	97.7	91.2	89.3	81.5	63.1
2021年	86.7	90.8	97.2	92.3	91.0	82.2	71.0

	テレビ（録画）視聴						
	全年代	10代	20代	30代	40代	50代	60代
2017年	22.2	19.4	24.5	21.8	25.2	23.3	18.1
2018年	23.7	27.7	24.9	19.1	25.9	21.5	24.4
2019年	23.3	17.6	19.9	23.3	25.5	30.6	19.0
2020年	27.6	25.4	20.2	31.6	28.5	31.4	25.9
2021年	21.3	14.9	14.0	22.7	21.0	24.9	25.4

	ラジオ聴取						
	全年代	10代	20代	30代	40代	50代	60代
2017年	4.5	1.4	2.3	1.9	5.0	5.8	7.9
2018年	5.1	2.1	2.4	3.5	3.4	7.0	10.0
2019年	4.6	0.0	1.9	2.0	3.7	6.5	10.3
2020年	4.7	0.0	2.3	3.2	3.1	7.7	9.2
2021年	4.2	0.0	1.4	1.2	3.4	8.1	8.0

出所：総務省「令和4年版 情報通信白書」をもとに筆者作成

消費者の可処分時間を奪われている状況です。

4マスが届けられるn数が激減する一方で、ソーシャルメディアによる影響力は拡大しています。日本における2023年時点で公表されているLINEのユーザー数は約9400万人、Twitterは約4500万人、Instagramは約3300万人と公表されており、以降もこれらのSNS利用者は増え続けるでしょう。

以前は4マスが中心となって、消費者であるnに対して情報を発信していました。情報の受け手でしかなかった個人が、SNSを使って発信も行うようになりました。LINEのユーザー数が約9400万人であることを考えると、約9400万の媒体が情報の受信と発信を行う状況にあるといえます。

18 **可処分時間** 個人が自由に使える時間のこと。仕事や食事、睡眠、入浴などの生活に不可欠な時間以外の全ての時間。

19 **サブスクリプションサービス** 一定期間の利用に対して料金が発生する、サブスクリプション型のビジネスモデルで提供されているサービスのこと。Netflix や Spotify などが該当する。

SNSはパーソナルメディアの集合体

マスメディアに対し、一個人が情報を発信したり、記録・編集するために用いる媒体を「**パーソナルメディア**」といいます。SNSの普及によって、個人が発信力を持ち、従来よりも大きなコミュニティの作成を可能にしました。

SNSを単なる情報発信メディアの一つと捉えていると、その価値を十分に活用することはできないでしょう。そもそも**SNSは、パーソナルメディア（各個人のアカウント）の集合体**です。そ「企業アカウントも、数千万いるユーザーの中のその一つに過ぎない」という認識になります。その最大の特徴は、個人の発信力が高まっていること、そして個人も企業も関係なく双方向のコミュニケーションを取れることです。

これは**「N対n」の情報伝播の構造**です。数千万ものパーソナルメディアの発信源の存在をNで表しています。「1対n」だけではなく「N対n」の情報伝播の構造を活かしてこそ、SNSでのマーケティングの成果を最大化させられるのです。

SNSでの情報発信にも「1対n」と「N対n」の2種類があります。

「1対n」とは、あるアカウントが発信し、n人の人に届ける発想です。この発想においては

図表 1-8　1 対 n の情報伝播のイメージ

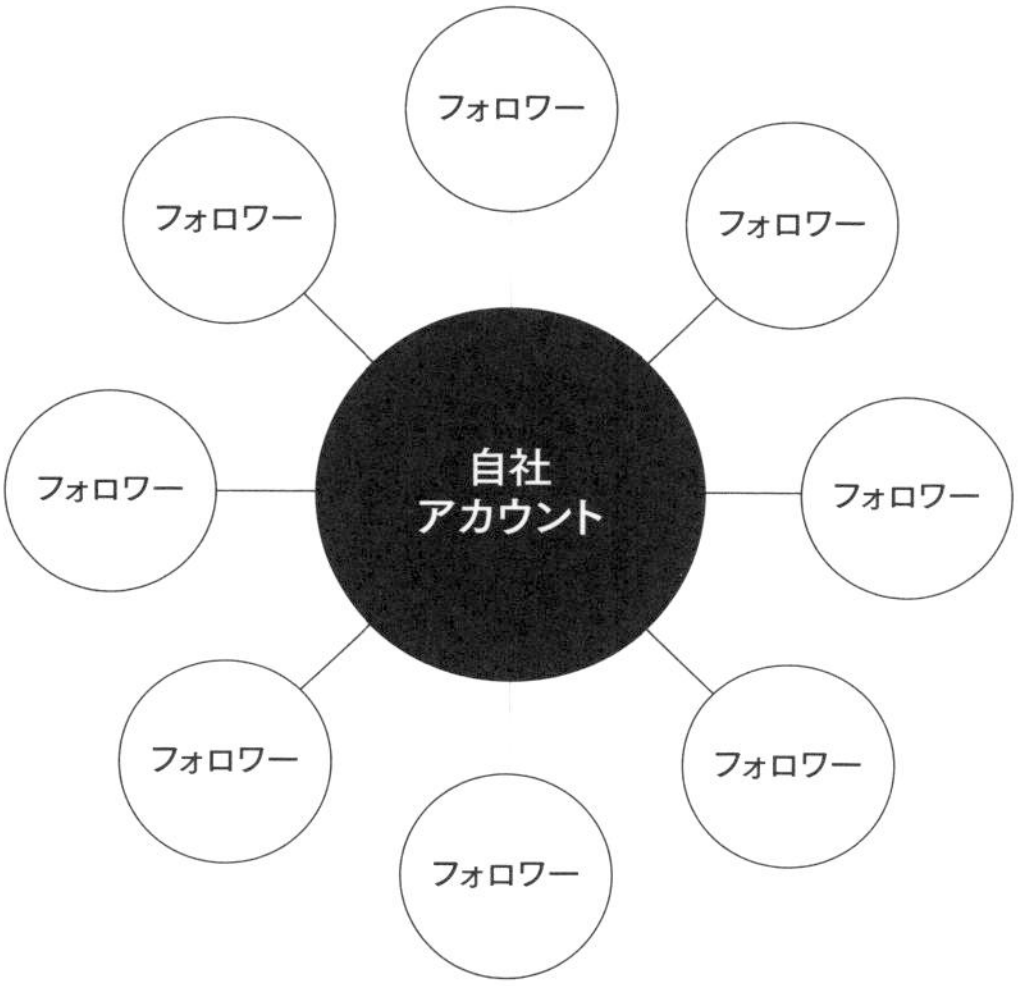

図表 1-9　N 対 n の情報伝播のイメージ

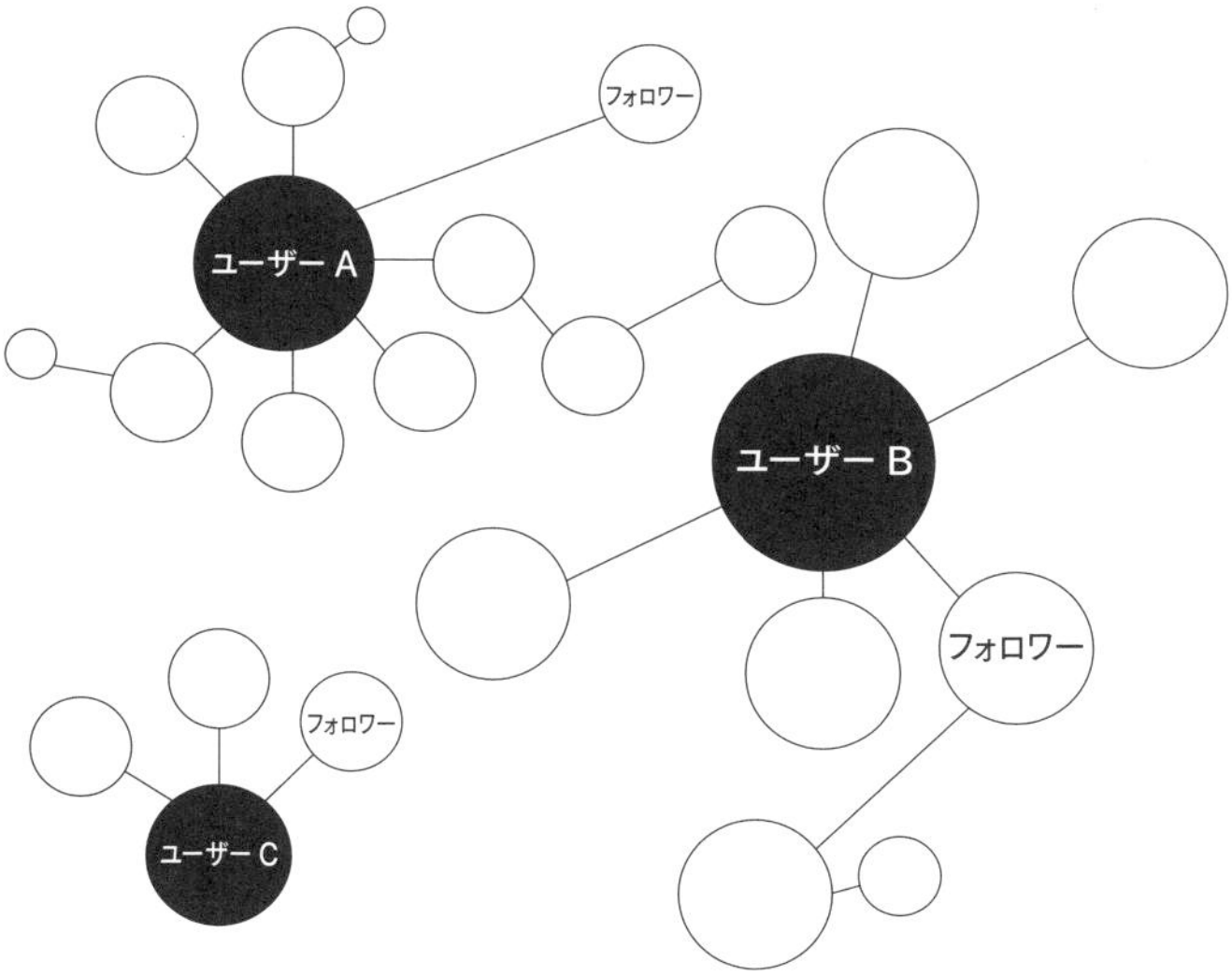

「フォロワーを増やそう」「投稿をバズらせよう[20]」という視点が強くなってくるでしょう。これは、従来のアカウント運用の発想です。しかし、アカウント運用は必要ではあるものの「SNSマーケティングの手法の一つ」という考え方が重要です。

一方の「N対n」は、現在のメディア環境において重要性を増してきた発想です。いかに自分がバズるか、ではなく「いかに自社商品をクチコミしてくれるか」「いかにお客様がバズるか」という視点が大事になってきます。今や、SNSでバズったネタをテレビが取り上げて爆発的に拡散する時代になりました。自社で一生懸命にPRを仕掛けなくとも、SNSでクチコミが活発に発信されていれば、マスメディアに載ることも十分にありえるのです。

SNSマーケティングと聞いて、「1対n」の発想だけを考える方もまだまだ多いでしょう。現在は、この両者を考えることがとても大事です。「SNSマーケティング＝アカウント運用＝1対n」という解釈だけでは、「N対n」の視点が出てきません。

情報の発信は、企業の専売特許ではない

例えばTikTokでは、フォロワーが数千人でも、投稿した動画が200万回近く再生されている例もあります[21]。

そのTikTokユーザー自体にフォロワーが少なくても、プラットフォームに何十億ものユーザーが集まっている現代では、発信された情報がレコメンドシステムによって拡散し、何千万もの人の目に届くことも珍しくありません。TikTokでは、レコメンドシステムによって、数フォロワーしかいない一般人でも全世界に自分の声を届けることができ、影響力を持つこともあるのです。

TikTokのクリエイターに、億単位の莫大なスポンサー契約報酬が支払われたというニュースがありました。また、2020年8月頃にForbes誌が発表した「最も稼ぐTikTokスター」ランキングで1位を獲得したアディソン・レイ・イースターリングも話題を集めました。[22]

彼女は、19歳で年収約5億円（当時のレートでドルを日本円に換算）に到達したといわれている

20 **バズ** SNS上で話題になること。自分が投稿やシェアした情報を、他のSNSユーザーも投稿・シェアすることで、評判が広がり、情報が周知される様子を指す。ポジティブな情報拡散ではなく、ネガティブな評判・注目を集め「炎上」と呼ばれる場合もある。

21 TikTokは「とにかくバズりやすい」 短期間で大量のコンテンツを獲得したマーケティング戦略（ログミーBiz 公開日：2020年4月13日）
https://logmi.jp/business/articles/322712

22 最も稼ぐTikTokスター、19歳で年収5億円 フォーブス初のランキング（Forbes JAPAN Web 公開日：2020年8月7日）
https://forbesjapan.com/articles/detail/36329

TikTokクリエイターです。2019年にTikTokに投稿したダンス動画で一躍有名人となったイースターリングは、同年秋には女性服ネットショップ「ファッション・ノバ（Fashion Nova）」とスポンサー契約を結んだり、TikTokクリエイターの仲間たちとコンテンツクリエイター集団「ハイプ・ハウス（Hype House）」を結成したりなど、TikTokクリエイターとしての活動を拡大。その後はリーボック、ダニエル・ウェリントンなどともスポンサー契約を結び、アメリカン・イーグルの広告塔にも就任。2020年8月にはコスメブランド「アイアム・ビューティー」を立ち上げるなど、精力的に活動しています。

「一国のマスメディアに頻繁に登場している有名人」とは規模が全く異なります。グローバルな影響力と爆発力を、個人が持てる時代となりました。

見込み客と接点を生み出せているか

可処分時間のほとんどがスマホに奪われている現代では、多くの情報がスマホの中にあり、若者はスマホでTwitterやInstagramを見たり、YouTubeを開くことが習慣化しています。そして、スマホから得た情報は、スマホを使って、LINEや各種SNSから再び発信されます。

テレビの影響力がなくなることはないとしても、SNSの影響力は確実に増しています。4マスの全盛期を知る経営者層にとっては、今でもテレビがメディアの中心であるという考え方が当たり前かもしれませんが、若い世代では、一日中YouTubeを見て過ごすことも珍しくありません。30年前と同じ感覚で現在の４マスのn数を捉えることは、最適なメディアプランニングにはつながりません。

例えばアパレル業界であれば、かつては雑誌がメディアの中心でした。しかし、今では雑誌だけのプロモーションでは不十分です。消費者はInstagramやYouTubeからもファッション情報を集めています。雑誌を介した中間的なコミュニケーションから、ネットを使って、企業がダイレクトに自分たちで作ったコンテンツでお客様に情報を届けられる時代になりました。プレス業務も「BtoBからBtoC」、そして「1対nからN対n」へと変容していっています。この情報伝播構造の認識を持つことが変革の始発点です。

今やＳＮＳで情報と出会えない企業や商品は、存在感が薄れているといっても過言ではありません。特に、若年層などの**新しい顧客を常に獲得しなければ、ブランドは、現在の顧客とともに年老いて衰退してしまう**可能性があります。持続的な経営のためにも、新規顧客の獲得は至上命題。ここにＳＮＳの存在意義があるはずです。

経営戦略・マーケティングとSNSの分断

今、多くの企業で経営戦略・マーケティングとSNSが分断しているように感じます。経営層やマーケティング戦略を立てるような役割の人が「SNSはプライベートで軽く使っているくらいで、よくわからない」「、SNS担当者が「マーケティング戦略、経営戦略全体がよくわからない」という状況であればどうなるでしょうか。この掛け算が発生すると「とりあえず企業として公式アカウントを取得してSNSを運用しています」ということになりかねません。

このような分断が起きているようでは、SNSによる顧客接点構築はできないでしょう。

両者の理解が必要です。そして、この重要な役割を担うのがミドルマネジメントでしょう。マーケティング戦略全体を把握しつつ、SNSにはどういった役割を持たせるべきか、ここを改めて考える必要があります。

SNSでの発信は、とりあえず日頃SNSを使っていそうな若い人に任せればいい。あるいは、インターンやアルバイトの学生に運用させればいい。こういった配置やリソース配分をしていると、得られるのはその投資に見合った効果でしょう。重要なのは、十分な成長投資の量になっているかです。

トップマネジメントは、SNSマーケティング投資の妥当性をぜひ吟味しましょう。

ミドルマネジメントは、効率的なマーケティングのためにもSNSの1対n活用だけでなく、N対n活用にも目を向けて、施策を設計していきましょう。また、SNSの各論や操作方法までは上司に提言する必要はありませんが、お客様の立場に立って消費者行動を見つめ直して、SNSが認知経路としてインパクトが大きければ、投資を行っていくべきだといった進言につながるはずです。

第1章のまとめ

自社の商品・サービスの情報は、SNSにも流れていますか？

流れていなければ、世の中に存在しないも同然の認識をされてしまいます。

顧客との主要な接点はSNSにシフトしつつあります。マスメディアだけが影響力を持つ時代ではなくなり、個人へのパワーシフトが起こっています。SNSでの発信で、個人も爆発的な影響力を持つことができるのです。

この潮流に乗れなければ、ユーザーとの接点が減ってしまい、中でも若年層や新規顧客の獲得が難しくなるでしょう。

Twitterを開いて、自社名や自社ブランド名で検索してみてください。どんな会話がされていますか？

競合ブランドよりもTwitter上でのクチコミ数は多く、存在感はありますか？

SNS上の情報発信力が競合他社に負けているならば、認識を改め、メディア戦略の再構築をすべきです。

このＳＮＳがもたらした環境変化は、ＳＮＳ担当者だけに任せておけばいいという経営課題ではありません。消費者行動の変化やメディア全体の変化を理解し、自社のマーケティング活動に盛り込めるかどうかで、企業の業績は大きく変わるでしょう。

第2章

メディアの本質

2-1 SNS・デジタルプラットフォームというメディアの正体

進化のスピードについていけるか

ライブコマースの浸透、マスメディアを凌駕する勢いの各種SNSやデジタルプラットフォーム、それらをビジネスに活かすための組織づくり……中国におけるSNSやデジタルプラットフォーム活用はすさまじい勢いで進展しています。

また、SNSやデジタルプラットフォームは4大マスメディア（新聞・雑誌・テレビ・ラジオ）と異なり、非常に変化が激しいものです。TikTokに加えSnapchat《スナップチャット》やPinterest《ピンタレスト》など、新しいプラットフォームも次々に登場していますし、新機能も続々と追加されます。「ついていけない」「若い人たちに任せておけば」と感じるのも、無理はありません。

しかし、これらのプラットフォームもマスメディアと同じく「メディア」の一つです。変化が激しいSNSやデジタルプラットフォームであっても、変わらない本質を理解することでメディア活用視点での理解につながります。

この章では、これまでSNSやデジタルプラットフォームに馴染みがなかった人でも要点をつかめるよう解説します。まずは、スマートフォンを取り出し、アプリをインストールして、自分自身の肌で感じてみてください。体験したことがないプラットフォームがあれば、本を読む、会社のメンバーに聞くなどして、情報をインプットするのもいいでしょう。

知らなければ買えない

「メディア」は情報伝達を媒介する手段です。ビジネスにおけるメディア活用の本質は「お客様にメッセージを届けること」です。どんなにいい商品があっても、お客様にその存在を知ってもらわなければ、買ってもらうことはできません。

- 知らないものは、買えない
- 欲しくないものは、買わない
- 興味がないものは、検索しない（深く知ろうとはしない）
- どうでもいいことには、反応しない

このような原則は、SNSが存在しない時代から変わらないはずです。ブランド名や商品名を

図表 2–1　マーケティングファネル

知らなければ、調べられません。たくさん情報があっても、どうでもいい情報には反応しないでしょう。あなた自身にも、経験があるはずです。

こうした原則を踏まえ、メディアとどう関わればいいのでしょうか。改めて考えてみると、自社のSNSアカウントのフォロワー数を増やすことは目的でないと気づくことができます。お客様に素敵な商品のことを知ってもらい、買っていただくというビジネスの目的があるはずです。

SNSの担当になるとよく「どうやったらフォロワー数がもっと増えるか」「どうやったらもっと企業アカウントの投稿に対してエンゲージメントがつくようになるか」という質問が挙がりますが、これは商売繁盛の中間ゴールの指標にすぎません。

まずは知ってもらうこと。マーケティングファネル[1]の最上部にあたる「認知」の獲得です。これは消費者に自社の商品やサービスを知ってもらう段階でのメディアの使い方です。

いかに知ってもらい、欲しいと思ってもらい、自分ごと化してもらい、価値があると感じてもらうか。限られたマーケティング予算の中でいかに効率的・効果的に消費者の認知、態度変容を生み出すためのメディアの使いこなしができるかです。

次々と新しいSNSが生まれていますが、ビジネスにおけるメディア活用の本質は何も変わっていません。

時代が変わっても、本質は変わらない

日頃SNSを使っていても「見る専門」で、全然投稿をしないような人にとっては、SNS上でのクチコミについては馴染みがないかもしれません。でも、原始時代のようなはるか昔を想像してみてください。きっと原始時代には「きのう、崖から落ちそうになった。危なかった」「北の川沿いに、赤い実があった。おいしかった」という会話があったことでしょう。人間は、昔から集団生活をしています。役立つ情報の交換はもちろん、うわさ話、ゴシップのようなものもあったでしょう。

1 **マーケティングファネル** 見込み顧客が商品やサービスを認知し、購買に至る過程を図に表したもの。漏斗に見立てて逆三角形で表現されることが多い。

クチコミは、昔からずっと存在します。発生する場所や情報伝播に活用されるテクノロジーが変化しただけ、といえます。インターネットが発達し、ホームページや掲示板、ブログ、SNS、レビューサイトなど、使われるメディアに変化があるだけです。

根底にあるのは、人から人への情報伝播です。対面での会話や井戸端会議のようなコミュニケーションがオンライン上でも可能になり、今やSNS上にはあらゆる投稿がなされ、人から人へ拡散されていきます。

独自のメディア論を提唱したことで知られるマーシャル・マクルーハンは、テクノロジーやメディアは人間の身体の「拡張」であると主張しています。その言葉にならうと、「SNSはクチコミや人間関係を拡張した」といえるでしょう。

「映え」重視も昔からある

Instagram の流行によって数年前に「インスタ映《ば》え」という言葉が生まれました。この言葉も、「人間は社会的動物である」という大昔から変わらない人間の本質によるものです。

人間は集団で生活する社会的動物です。集団で生き延びてきた人間は、他者とのつながりを価値と感じます。また、毛繕い的なコミュニケーションは昔から行われ、誰と誰がつながっているかの社交のアピールも行われているものです。Facebook で「今日は○○さんと食事をした」と自慢したり、Instagramで「彼氏と△△に行った」「こういう人と付き合ってる」という投稿を行うのはそのためでしょう。

SNSがない時代でも、指輪で恋人の存在をアピールしたり、高級な洋服やバッグを身につけて社会的ステータスを誇示したり、制服等で所属するコミュニティをアピールしたり、昔からある行動です。SNSの登場で、そのアピールが目の前の対人だったものからSNS発信を通じて広範に発露するようになっただけで、人間の行動原理は変わりません。

このような発信は、FacebookやInstagramで初めて生まれたのではありません。社会的動物である人間の特性を考えれば、おそらく原始時代からあったものと考えられるのです。

変わっていくのは、ディテール

どこで媒介させるかのディテールだけが、どんどん進化し続けているのです。

インターネット以降の、メディアの変遷にも触れておきましょう。モバイル通信では、通信移動システムを表す3Gや5Gという言葉があります。GとはGeneration（世代）の頭文字です。3Gから4G、5Gへと移行する中で通信規格・通信システムが進化し、リッチな表現ができるようになりました。

図表 2-2 インターネットでの情報発信の変遷

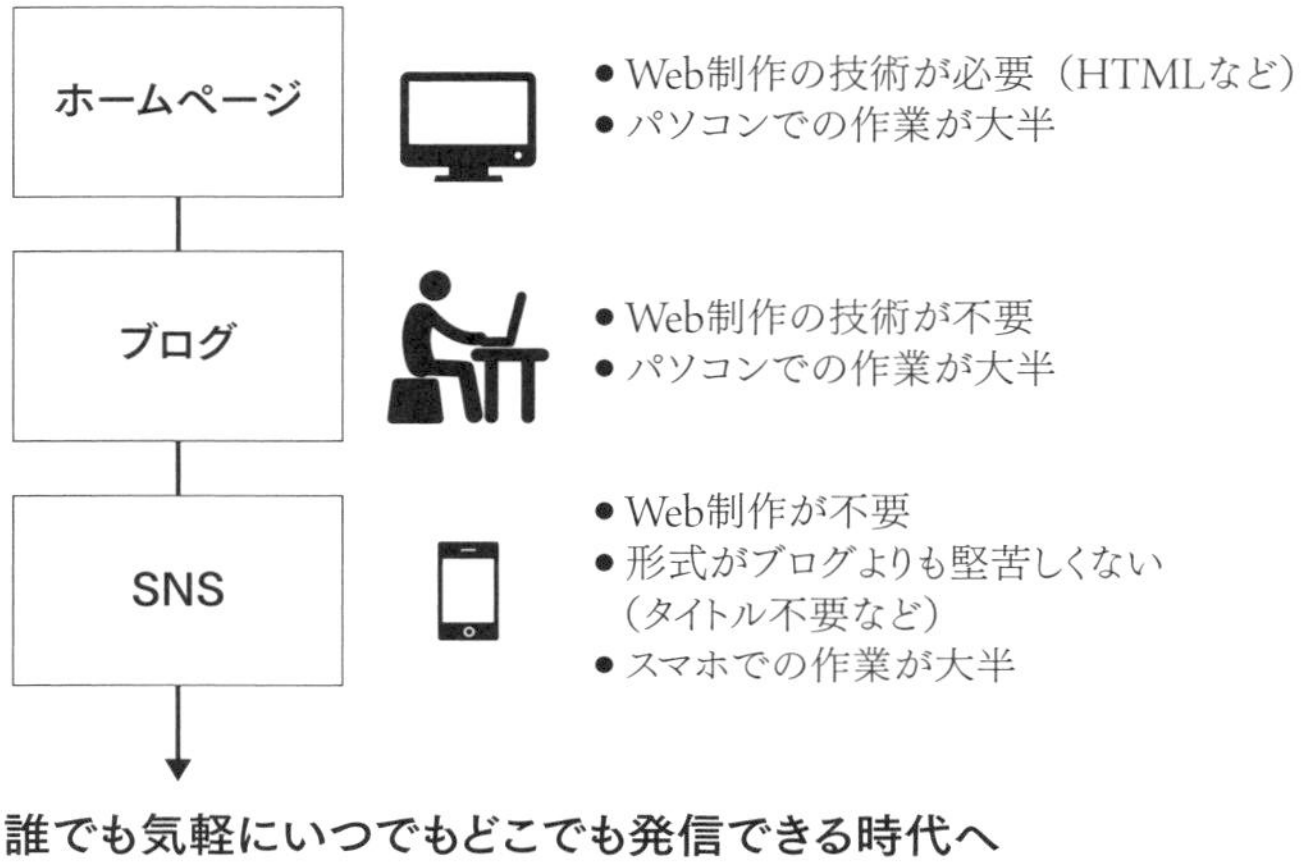

インターネット接続に電話回線を使っていた時代、1枚の画像をダウンロードして見るために30分待つ、ということもありました。そこで最もデータ容量の軽いテキスト（文字）が多く用いられたのです。テキストのやり取りをベースにした、チャットが普及したのもこの頃です。

通信速度が上がるにつれて画像などの重たいファイルがやりとりされるようになりました。やがてmixiやGREE、Facebookなどのサービスが生まれ、ユーザーが広がりました。

5Gでは動画もサクサク観られるようになり、TikTokやInstagramのリール[2]などでショートムービーも気軽に投稿できるようになっています。

情報発信の観点でいえば、ますます簡単に手軽に誰でも発信できるようになったということです。この気軽さから、24時間いつでも、スマホ片手にどこからでも、簡単な操作性で年齢問わず誰でも発信ができるようになった側面も大きいです。

今後は、どんな時代になるでしょうか。有力視されるのは、ライブ（生放送）です。5Gの進化でインフラが整い、コミュニケーションはテキストから画像、動画、生配信へとリッチになっていくと考えられます。

ライブのほかにも、メタバースと呼ばれる仮想空間、AR（拡張現実）やVRなどの技術を駆使しながらリッチな表現ができるようになっていくでしょう。メタバースについては、Facebook社が「Meta」と社名変更したくらい、力を入れている領域です。Meta QuestというVRヘッドセットも扱っており、このような技術を活用したメタバースの空間実現に向けて突き進んでいます。なお、「メタバース」という言葉自体は、「Meta（超）＋Universe（宇宙）」からつくられた造語で、現在の使われ方としては、「インターネット上の仮想空間」を指すことが多いです。起源としては、1992年にSF小説『スノウ・クラッシュ』の中で用いられたそうです。ただ、この小説が出る前から「3Dの仮想空間」のような概念はあったことでしょう。

2 **Instagramのリール** 2020年8月にInstagramに搭載された機能で、短尺動画（最大90秒）のアップロードや閲覧ができる。

新聞・雑誌・テレビから、Instagram や TikTok へ。情報を媒介する主要接点が変化しているということは、生活者のメディアの使いこなしが変わってきたということです。今の人たちがどういうふうにメディアを使っているか、可処分時間をどう使っているか、自社のターゲットは誰でどういうメディアを見ているのか、そうした顧客の主要接点の変化からも、最適なメディアプランニングは変わっていきます。変化への適応は常に求められます。

2-2 ソーシャルメディアの本質

デジタル全盛期における、プロモーションの変遷

2000年代初期、企業や個人がウェブサイトを持つようになりました。インターネットが普及し、Yahoo! JAPANやグーグルの日本語版が公開された頃のことです。やがてデジタル広告や、後述するSEO、アドテクノロジー[3]が生まれ、デジタルマーケティングの手法が成熟していきます。

2000年代半ばから、ブログやSNSをはじめとしたソーシャルメディアが登場します。2009年にはTwitter、Facebookが日本に上陸し、SNSマーケティングが誕生しました。ソーシャルメディアによって一ユーザーによる積極的な情報発信、ユーザー同士のコミュニケーションが可能になり、メディアを介した双方向のやり取りが定着していきました。

3 **アドテクノロジー** Web広告やインターネット広告を効率的に配信するシステム。最適な枠で、最適なユーザーに向けて広告を配信することで、広告配信効果の最大化を図る。

ソーシャルメディアを従来のデジタルマーケティングの戦術の一つとして捉えると、顧客接点としての力を引き出せません。また、マスマーケティングの発想でデジタルマーケティングに取り組んでも、思うように成果は上がらないでしょう。

ソーシャルメディアの変遷をなぞりながら変わらない本質をつかんでいきましょう。

Web2.0を象徴する「ブログ」

2000年代中盤以降のウェブを示す概念に「Web2.0」があります。ティム・オライリーによって定義された言葉で、リッチなユーザー体験やロングテール、双方向性などが特徴として挙げられます。

Web2.0を代表するウェブサービスに、ブログやSNSなどのソーシャルメディアがあります。従来のユーザーは情報を一方的にしか受け取れませんでしたが、ソーシャルメディアの誕生によって双方向性が生まれました。

例えばブログの記事にハッシュタグを設定すれば、ハッシュタグに関連する他のブログが閲覧できるようになるといったことです。発信したユーザーを軸にするだけでなく、閲覧する側の興味や関心軸に沿ったコミュニティを作ることが可能になるのです。

やがて、ユーザーの発信を興味・関心ごとに整理したウェブサービスが立ち上がりました。食べログや価格.com、@cosmeなどはその代表格といえるでしょう。

そして、ソーシャルメディア

ソーシャルメディアの中でも、ユーザー間のコミュニケーションに重きを置いたものがSNSです。

2004年、アメリカでFacebookが誕生しました。同時期、日本ではmixiやGREEが大流行しています。「コミュニケーションを取りながら何かをするWebサービス」が人気を集め、GREEはソーシャルゲームへと転換したことでmixiを圧倒するようになります。

やがてオークションサイトからソーシャルゲームへシフトしたDeNAが参入し、2006年にモバゲータウン（現モバゲー）が誕生します。2007年には、YouTubeが日本語版サービスを開始しました。

生活インフラ化するSNS

SNSは当初、ユーザー間のコミュニケーションに重きを置いていました。その機能はどんどん拡張され、役割も変わっていきます。SNSは今や、幅広い用途で使われています。例えば、好きなアーティストや歌手のホームページを見る代わりに、それぞれのＳＮＳアカウントを見るという行動は、一般化しているといえます。友人とチャットをしたいときはＬＩＮＥだけでなく、Instagram や Twitter のＤＭ機能でやり取りすることも多くなっています。

テレビを見るようにＳＮＳ動画を見ることも、今や当たり前になっています。例えば「今晩どんなご飯を作ろうかな？」と思って YouTube のレシピ動画にアクセスするのも当たり前の行動になっています。かつてはレシピ本をチェックしていた人が、YouTube でレシピ動画を見るようになっているのです。料理系 YouTuber も非常に多くなりました。

他にも、Instagram で飲食店を検索したり、ライブ配信を観ながら欲しい服を探したりと、コミュニケーションツールとして想定されていた当初よりも、さまざまな使われ方をされているのが現在のＳＮＳなのです。

検索についても、「検索といえばグーグル」「検索といえばヤフー」というイメージを持つ方も多いでしょう。しかし今や、情報収集の方法として、**Twitter や Instagram でのＳＮＳ検索、YouTube での動画検索も当たり前**になってきています。旅行やコスメやイベントなど、商品購入前に個人のリアルの感想、評判を調べる行動もあるのです。コンテンツのジャンルにもよりますが、グーグルやヤフーの検索からこれらのSNSでの検索行動に流れてきていることでしょう。
なお、それでもグーグル検索の利便性の高さは変わらず、引き続き求人検索、物件検索、クレジットカード比較、人にいえない悩みの相談などはグーグルが優位でしょう。ナレッジ系の検索はグーグルが残っていき、エンタメ系や時事系の検索はSNSへと流れていくことが予想されます。

よって、ビジネスの観点では、ホームページのSEOと同様の投稿の工夫が求められるでしょう。例えば、ブランド名や商品カテゴリ名を投稿のキャプションに入れることや（例：札幌のスープカレー店の○○です）、SNS上での検索ニーズから逆算した投稿企画に挑戦することなどです。飲食店であれば動画映えしそうか知りたい、内観のリアルな様子を知りたい、どんな人が接客してくれるのか知りたい、などの検索ニーズに対応した投稿を備えておくとよいでしょう。

2-3 主要SNS・デジタルプラットフォームの「今」を知る

各SNS・デジタルプラットフォームの特徴や動向

多くの人がSNSやデジタルプラットフォームを利用する理由は、「人間が持つ根源的な欲求を、幅広く満たすため」です。時代の変遷とともにさまざまなプラットフォームが生まれましたが、消費者にとってのSNSやデジタルプラットフォームが「(情報や人との)出会いの場」であることに変わりはありません。

現在の主要SNS・デジタルプラットフォームであるFacebook・Twitter・Instagram・TikTokなどは、いずれも「出会いの場」という役割において共通しています。しかしサービスごとに使われ方や、流れている空気、根付いている文化は異なっています。

また、多くの消費者は複数の顔を持ち、さまざまなコミュニティに所属しています。例えば「北海道出身者」「マーケター」「スポーツ好き」「二児の父親」などです。それぞれの顔やコミュニティは、興味関心やライフステージによって変化しています。そのときに見せたい顔や目的によって、利用するプラットフォームも変わります。現在TikTokだけを利用しているユーザーも、進学や就職のタイミングでFacebookを使い始めるといったこともあるでしょう。

ここからは、国内で主に使われている各プラットフォームにどのような特徴があり、どのようにビジネス活用につなげていけるのかを見ていきましょう。

Twitter

Twitterは、2008年に日本に上陸し、国内の利用者数は4500万人（2023年時点）で、LINEなどのチャットツールや動画配信サービスを除いた公表値では最も利用者が多いSNSです。Twitterの全世界での月間利用者数は約3億3000万人（2019年時点）と、約10億人以上いるInstagramに大きく差をつけられていますが、日本国内ではTwitterが人気です。

第1章でも紹介した、総務省の調査[4]によると、Twitterの全年代の平均利用率は45・3％で、最も高い20代では78・8％に達しています。2022年10月には、米国の連続起業家イーロン・マスク氏による買収が報じられ、それ以降はさまざまな動きが起きています。詳しい変化への対

4 総務省「令和４年度 情報通信メディアの利用時間と情報行動に関する調査」
https://www.soumu.go.jp/iicp/research/results/media_usage-time.html

策は後述します。

「Twitter」は文字によるコミュニケーションが活発な特徴があります。Instagramと違って着飾るような必要もなく、他のSNSより気軽に投稿することができます。写真も動画もいらず、思いついたことを文字にしてすぐに投稿できます。

「Twitter」は「なう」や「つぶやき」のイメージが強いかもしれません。地震が起きたら即座に「Twitter」を立ち上げて「揺れた」とツイートしたり、「地震」のワードでリアルタイム検索をして各地の状況を把握することにも使われます。他には通勤中に電車が止まったら「総武線」などと「Twitter」で検索して、遅延の原因を確認することもあります。スポーツのビッグイベントが開催されれば、速報で盛り上がったり、勝利の瞬間にはまるで飲食店でのパブリックビューイングのように「うおおおおお」「おめでとう‼」といったツイートが飛び交うのも「Twitter」の特徴です。

マーケティングの観点での特徴は、知るきっかけをつくる・認知・興味関心など「自分ごと化」させるのに向いているSNSです。特に、話題づくりに関してはピカイチです。情報の拡散起点として優れているからです。「Twitter」にはリツイート（RT）機能があります。これはInstagramなど他のSNSにはない特徴です。例えば自分のアカウントのフォロワーが100人しかいなくても、投稿がリツイートされることで多くの人に伝わる可能性が出てきます。Twitterでバズった話題がテレビやネットニュースに取り上げられることも多く、「SNS発のPR」という展開も図りやすいためです。拡散力の高さ、話題の作りやすさに関して優秀なSNSです。

Twitterは他のSNSと違い、投稿データを収集・分析できる良い面もあります。匿名のアカウントや特定のユーザーしか閲覧できない鍵アカウントの情報までは拾えませんが、「誰が自社ブランドについてクチコミしてくれたか」「そのクチコミはポジティブなのか？　ネガティブなのか？」といった疑問の仮説検証を進めやすい場所といえます。

拡散の起点になりやすく、拡散具合がデータで見えやすい、要因特定しやすいのがTwitterのよさです。「こういう投稿をした結果、UGCが増えた」「このキャンペーンを仕掛けた結果、UGCが伸びた」という効果検証がしやすく、UGC施策のPDCAが回しやすいのです。

ここからはイーロン・マスク氏による買収以降の変化についてご紹介します。あれからさまざまな機能が追加されました。

一つ目として、Twitterのシンボルでもあった140字以内の制約を取っ払い、2023年の2月からは数千字でも長文投稿ができるようになりました。従来の「Twitterでニュース記事を投稿し、リンクをクリックしてもらいＷｅｂメディアで閲覧する」という流れから「Twitter内完結で長文のニュース記事を閲覧する」へ移行していくことでしょう。Twitter経由のＷｅｂアクセス数に頼っている場合には、ビジネスモデルの変革が迫られるかもしれません。とはいえ、テキストコンテンツの新しいコンテンツ流通チャネルとして模索する余地があるでしょう。長文コンテンツをきっかけに会話が起きたりしますし、存分に活用できるでしょう。

二つ目としては、「Twitterはこれまではフォローしている人の情報をキャッチできる場所でしたが、よりレコメンドによる配信に比重が置かれるようになったことです。レコメンドへの対策については、詳しくは第４章の「鉄則６」を参照してください。また、「Twitterは２０２３年３月31日（米国時間）に「おすすめ」のアルゴリズムなどの一部のソースコードを公開しました。まだまだTwitterの変化は続くでしょう。

Instagram

Instagramは、２０１０年にアメリカで生まれ、２０１４年2月に日本版がローンチされたサービスです。２０１９年時点の利用者数は、約３３００万人とされています。

大きな特徴は、写真や動画を投稿する「ビジュアルコミュニケーションを楽しむ場」であるという点です。今でこそキャプション内にさまざまなテキストを書けるようになりましたが、基本的にはビジュアルを見て直感的に楽しむSNSです。

当初はプライベートグラフ[5]での利用が想定されていましたが、2011年にハッシュタグ機能が、2012年に発見タブ機能が搭載されたことで、インタレストグラフ[6]でつながるSNSとして活用されるようになりました。一方、「インスタ映え」という言葉によって、「キレイでキラキラした写真でなければ投稿しにくい」という心理的ハードルが上がってしまいました。

そんな中で大きな役割を果たしたのが、2016年に登場した「ストーリーズ」機能です。24時間で投稿が消え、「いいね」数やコメント数などの人気を示す表示がありません。投稿ハードルを下げ、自分の日常や自然な姿を気軽に投稿する機能として定着しています。また、2021年5月には、「いいね」数の非表示を選択できる機能も追加されました。この動きも、「映え」文化の弊害を緩和する措置と考えられます。

Instagramの公式発表によると、ストーリーズ機能を毎日利用しているアカウント数は約5億(2019年1月発表)といわれています。近年はEC機能や地図検索機能も強化されており、今やInstagramは人々の意思決定や購買に大きな影響を与えるSNSになっています。

5 **プライベートグラフ** ごく親しい友人や家族など、身近で私的な人間関係を指す。
6 **インタレストグラフ** 趣味や嗜好、興味関心、主義や主張を共通項とした人間関係を指す。

なお、Twitterと異なり、リツイートのような機能はないため拡散性は低いです。その分、「深く関わること」もInstagramの特徴といえるでしょう。Twitterは自分の興味が少ないものもタイムラインに流れてきますが、Instagramはユーザーが興味関心のあるものが表示されやすい仕組みになっています。Instagramは「好きなものと出会いやすい」場だといえます。

それは、わざわざ好きなジャンルのアカウントをフォローしていなくても、自分がよく見ていたり反応しているジャンルの投稿がおすすめのレコメンデーションによって配信されてくるからです。例えば料理のアカウントばかり見る人は、自分のアカウントの「発見タブ」に料理の投稿が多く現れているはずです。イヌやネコ好きの方には、ワンちゃんネコちゃんが溢れているでしょう。自分が好きなコト・モノとつながり続けられる、エンゲージメントを高めやすい場所といえます。

中にはこのレコメンデーションの仕組みを有効活用して情報収集に使いこなしている人もいます。どのような使い方かというと、例えば化粧品好きな人が、おすすめにそのジャンルばかり流れてきてほしいという目的で「コスメ専門アカウント」を開設し、自分の好きな化粧品の投稿ばかりを見るといった方法です。ジャンルに特化したアカウント活用は他のSNSでも多く見られますが、Instagramでは洋服専門アカウント、インテリア専門アカウントなど、ビジュアルコミュニケーションを楽しめるような発信をする場としてよく使われています。

マーケティング観点でいうと、洋服・化粧品・インテリアなどビジュアルで訴求できる有形商材に向いているSNSでしょう。２０１８年からはショッピング機能も搭載され、クツやジャケット探しなどをウィンドウショッピング感覚で使ってもらえる場所になっています。ビジュアル中心で言語を問わず楽しめるコンテンツにも仕上げやすいので、国境を越えてブランドや観光地について知らしめることができる場所でもあります。

Facebook

Facebookは２００４年にアメリカで生まれたＳＮＳで、当初は大学生同士の交流を目的に作られたサービスでした。２００６年から一般向けに公開され、２００８年には日本語版の提供を開始。２０２１年10月には運営元であるFacebook .incが社名を「Meta」に変更し、話題になりました。

前述の総務省の調査では、Facebookの全年代の利用率は29・9％。最も低い10代では11・４％となっています。

他のSNSとの最も大きな違いは、実名でのアカウント登録が義務付けられていることです。日本に進出した当初はその点がネックとなってなかなか普及しませんでしたが、それでも公式発表されている国内ユーザー数は、2019年7月時点で2600万人です。

実名登録であるゆえ、Facebookは「実社会の人間関係に根ざしたSNS」の特徴があります。

地元や職場などでつながりのある人たちに向け、「こんなイベントに出ます」「こんな本を出します」といった、活動を宣伝するツールとして使われています。Facebookの投稿をきっかけに、旧友と再会したというケースも珍しくありません。

他のSNSと比較すると、個人が発信する動機としては、「個人のプレスリリース」を出す場所だといえるでしょう。例えば「子どもが生まれました」「転職しました」「転居しました」といったものです。「Twitterのようなカジュアルな投稿よりも、オフィシャル寄りのかしこまった投稿がされています。「オフィシャルな自分」としての演出ができる場所といえます。

Facebookに限った話ではありませんが、非常時には、SNSは電話に代わる通信手段としても力を発揮します。2011年の東日本大震災では、つながりづらくなった電話の代わりにFacebookやTwitterを使って安否確認をするユーザーも多く見られました。災害時に連絡を取ろうとする人が増えて電話回線が混雑すると、キャリアは通話を制限してつながりにくくすることがあります。ネット接続であれば、一部の回線で障害が発生しても他の経路を使った通信が可能です。特に安否確認は非同期のコミュニケーションでも十分な場合があります。

Facebookをビジネスで活用するなら、例えば保険や不動産といった個人向けの営業職の方であれば、個人の人脈で他者とつながっていき、接点を確保し続けるような使い方がよいでしょう。法人営業も同様です。

Facebookページ[7]やFacebookグループ[8]など、「コミュニティづくりの場」としても活用されています。コミュニティマーケティング[9]を実践する場として使われるケースも多いです。

また、デジタル広告の観点で見ると、Facebook広告のターゲティング精度の高さは強みです。

7 **Facebookページ** Facebook上に搭載された、主に企業やブランド、団体などによるビジネス向けのページ作成機能。ユーザーとの交流や情報発信を目的に運用されることが多く、ビジネスに活用できる機能が多数搭載されている。

8 **Facebookグループ** ビジネスや趣味などのテーマごとにメンバーを集め、情報を共有したり、交流ができるFacebookの機能。グループの目的によって、公開グループ・非公開グループ・秘密のグループが選べる。

9 **コミュニティマーケティング** 共通の興味関心をもった集団（コミュニティ）を活用したマーケティング手法。本文中では、主に自社の商品やサービスに興味関心や好意を持つ既存顧客によるコミュニティを指す。

実名制であり、生年月日や住所、職業、誰と友人であるかなどのパーソナルな情報を持っているからです。

TikTok

TikTokは、２０１８年頃から若年層を中心に大流行しています。２０１８年に「現代用語の基礎知識選２０１８ユーキャン新語・流行語大賞」のノミネート語に選ばれ[10]、２０２１年11月に「日経トレンディ」が発表した「２０２１年ヒット商品ランキングベスト30」では、「TikTok売れ」が1位にランクインしています[11]。同記事では、「グミから高級車まで、あらゆるモノが売れた」と紹介されています。

日本国内の月間アクティブユーザー数は２０１８年以降に公式発表はありませんが、Data.ai(旧App Annie)の調査によると、２０２１年８月時点で１７００万人を突破しています[12]。国外も合わせた月間アクティブユーザー数は、公式発表によると、２０２１年9月時点で10億人にのぼります[13]。前述の総務省「令和４年度情報通信メディアの利用時間と情報行動に関する調査」では、全年代の平均利用率は28・４％となっています。10代の利用率が最も高く、66・４％を記録しています。

TikTok は短尺動画、ショートムービーと呼ばれる15秒〜数分前後の映像の視聴のやり取りを提供する、ショートムービープラットフォームです。TikTok における個人発信の動機は「注目を集めるステージに立つ」ことです。**レコメンドシステムによって、フォロワー以外にも投稿が見られやすく、露出機会が得やすいことが特徴です。**若年層を中心に、ユーザーが増えています。

TikTok が日本で流行りだした頃はダンス動画を投稿するSNSというイメージが強かったのですが、今は教育系コンテンツやレシピ動画など、コンテンツの幅もクリエイターの幅も広がり続けているプラットフォームです。

10 「現代用語の基礎知識」選 2018ユーキャン新語・流行語大賞 トップ10発表！
(株式会社ユーキャンHP 公開日：2018年12月3日)
https://www.u-can.co.jp/company/news/1201239_3482.html

11 2021年ヒット商品ランキング 日経トレンディが選んだベスト30
(日経トレンディ 公開日：2021年11月3日)
https://xtrend.nikkei.com/atcl/contents/18/00549/00001/

12 「2021年に活用を始めないと乗り遅れる」電通天野氏に聞くTikTok活用の今
https://markezine.jp/article/detail/37145

13 10億人の皆様に、ありがとうございます!!!
(TikTok ホームページ 公開日：2021年9月27日)
https://newsroom.tiktok.com/ja-jp/1-billion-people-on-tiktok-thank-you

同じ動画プラットフォームであるYouTubeと比較すると、YouTubeはプロが作ったコンテンツが比較的多いのに対し、TikTokは一般ユーザーが作成したコンテンツも多いといえるでしょう。TikTokを「個人が注目を集めるステージ」と捉えることもできます。アプリ上で動画の撮影から編集、加工まで手軽に行える点も人気の理由です。

他の主要プラットフォームと比較すると、TikTokはコミュニケーションよりも「視聴を楽しむ場」として親しまれています。気に入ったアカウントをフォローする機能はありますが、「フォロー中」フィードではなく「おすすめ」フィードで視聴をするユーザーが多く、自分の好みにあった映像が次々と自動的にレコメンドされる仕組みになっています。

YouTube

YouTubeの日本国内の18歳以上の月間ユーザー数は7000万人(2022年10月)、全世界では20億人を超えています。テレビのように国民に浸透した、広義のソーシャルメディアといえるでしょう。

YouTubeは2005年2月に設立、2006年11月に16・5億米ドルでグーグルに買収されたサービスです。日本語版の公開は2007年6月19日であり、すでに15年以上が経過したことになります。基本的には動画配信の場です。最近ではライブ配信の機能であったり、「YouTubeショート」という短尺動画を載せられるようになりました。

YouTubeの主な使われ方は、「番組を視聴する」です。掃除しながら映画の考察動画を観たり、部活動のためにスポーツ選手によるレクチャー動画を観たり、レシピ動画を観ながら晩御飯の用意をするなど、「学び」「余暇の楽しみ」などの観点もあります。3歳児がスマホを使いこなして、観ている間に差し込まれるYouTube広告の「×」マークをタップして飛ばしたり、関連動画のメニューをスクロールしながら次に観たい番組を自ら操作して選択することも珍しくありません（筆者の娘がそうです。テレビ画面につなげてYouTubeを観ている時は、画面をなぞるように触ってスクロールしようとすることもあります）。

YouTuberという言葉が生まれたように、個人による動画での発信も盛んです。個人発信の動機としては「番組を公開する」に近いかもしれません。**この数年では、ビジネス系のYouTubeチャンネルが増えたり、BtoCの領域では芸能人のYouTubeチャンネル進出も増えてきており、競争が過熱しています。**また、民放ではコンプライアンス的に難しそうな番組のジャンル（喧嘩、裏社会、アダルトなど）も目立つようになってきており、多様なコンテンツが日々アップロードされているプラットフォームです。

YouTubeのビジネス活用の面でいうと、Twitterと比べれば自社でのチャンネル運用にはかなりのコストがかかります。動画に登場する人物のキャスティングに加え、撮影はもちろん、動画の編集作業も発生するためです。しかし、動画だからこそ熱量高く商品・サービスを伝えることができたり、まるでその人から直接教わっているような濃い体験ができます。こういった持ち味を活かした活用が成果につながります。目的や投資対効果も踏まえて「チャンネル運用をやるべきか・やらないべきか」を吟味しましょう。YouTuberへの案件依頼や、YouTube広告を出稿するなどもあわせて検討されるとよいでしょう。

Threads

Threadsは2023年7月にMeta社からリリースされたサービスです。Threads内に開設された@zuck（マーク・ザッカーバーグ）のアカウントからは「Threadsのビジョンは、会話のためのオープンでフレンドリーなパブリックスペースを作ることです。」と発信され、Twitterと近しく会話に重きを置いているのが特徴です。ユーザー数は拡大を続けており、今後の動向が気になるところです。

第2章のまとめ

「TikTokやInstagramがさっぱりわからない」と思っていても、昔からある掲示板やブログ、メール、テレビ番組など慣れ親しんだメディアと並べてみると、理解のとっかかりは意外と多いものです。また、繰り返しになりますが、使ったことがないSNSのアプリをスマートフォンにインストールして、ご自身の肌で感じてみてください。

本章では、変わらない本質と変わるディテールとを整理してお伝えしてきました。変わってきたこととしては、スマートフォンとSNS・デジタルプラットフォームが普及したことで、個人がいつでもどこでも情報発信できるようになったことです。これまでは回線への負荷が大きく、扱うことが難しかった動画でさえも、5Gなど通信環境の進化によって、気軽に発信したり視聴したりできるようになりました。

一方で変わらないことは、SNSやデジタルプラットフォームを利用しているのは人間で、これらを通じて影響を与えたい相手も人間ということです。寂しくなれば人と会話したくなったり、暇になれば何かコンテンツを観て暇つぶしをするでしょう。商品の話題をきっかけに認知されても、欲しいと思われなければ買われません。

デジタルプラットフォームはどんどん進化していくため、取り残されたような印象を受けたり、理解が追いつかず諦めたりすることもあるでしょうが、人間の本質、メディア活用の本質は変わりません。「商売繁盛のため」というシンプルな目的を持ち、自社の事業の現状に即した最適なメディアを選べばいいだけです。

第3章

SNS時代の購買プロセスはULSSASへ

3-1 マーケターが直面する環境変化

ソーシャルメディアを取り巻く環境の変化

第2章ではSNSにあまり馴染みがない人に向けて、一般的なSNSの概要について解説してきました。日常的にプライベートや仕事でSNSに触れている人にとっては既知のことも多かったかもしれません。

この第3章では、あまり知られていないSNSに関する意外な事実について紹介していきます。拡散のメカニズム、話題の持続性、集めるべきフォロワーの特性など、筆者陣が過去に蓄積したファクトやデータ分析などの知見を、より的確な消費者行動の理解やメディア構造の把握に活用していただければと思います。良い戦略は、的確な現状認識に基づいてできるものです。

まずは外部環境から見ていきましょう。昨今、マーケターやソーシャルメディア担当者の方は、さまざまな環境変化にさらされています。

- グーグルのアルゴリズムが変動し、従来のSEOでは今までのような検索順位が維持できず、SEO施策を変えなければならない
- よいコンテンツを作っても競合にすぐに真似されてしまう
- アドブロック機能によって、広告が表示されにくくなる
- サードパーティクッキーの規制により、1度自社サイトを訪れたことのあるユーザーをサイト離脱後も追跡する「リターゲティング広告」ができなくなりつつある。
- アフィリエイト広告に関する景品表示法上の規制
- ステルスマーケティングに関する景品表示法上の規制

施策に対する制限が増えてきています。

欧州における、GDPRと呼ばれる個人情報の保護規制[1]について少し深掘りして紹介します。

プラットフォームがデータを握っていた時代から、「個人にチカラを取り戻そう」「自分の情報は、自分で管理しよう」という流れが世界中に波及しています。

1 GDPR　プライバシー保護を目的に、2018年にヨーロッパの各国に導入された「EU一般データ保護規則」の略。

図表3-1　クッキー（Cookie）の使用可否に関するポップアップの例

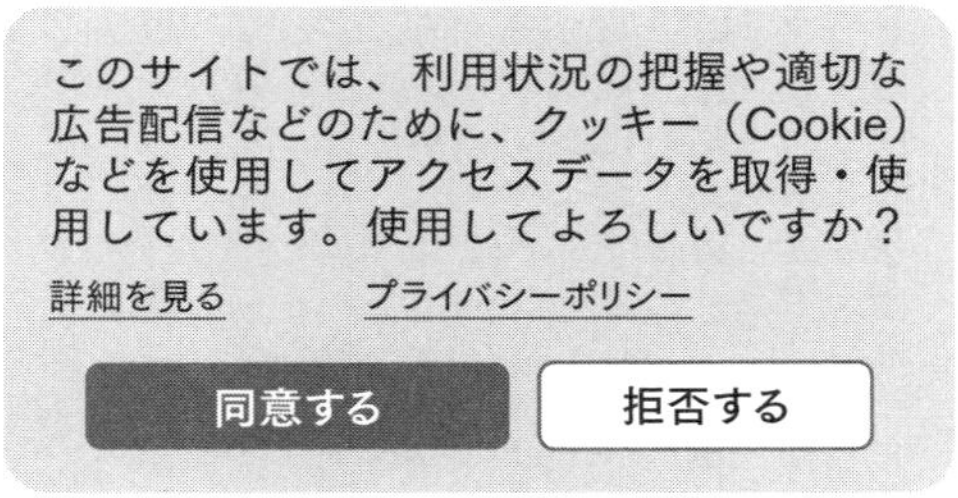
このサイトでは、利用状況の把握や適切な広告配信などのために、クッキー（Cookie）などを使用してアクセスデータを取得・使用しています。使用してよろしいですか？
詳細を見る
プライバシーポリシー
同意する
拒否する

例えばGDPRでは、企業がクッキー（Cookie：ユーザーのWebサイトアクセス履歴などの情報）を利用することの同意を得る手順を踏むように求めています。図表3－1のようなバナーやポップアップを目にしたことはありませんか？

「拒否する」を選択した場合、クッキーの利用に同意しないことになります。企業の立場からすると、顧客獲得効率の良いリターゲティング広告などの手法が選べなくなり、手札が減ってしまいます。そうした観点からも、企業の公式SNSアカウント運用やクチコミへのマーケティング投資は欠かせなくなるでしょう。

これまで、戦術レベルのデジタルマーケティングの世界では「ダイレクトレスポンス」の領域が発達してきました。例えばSEOやLPO（ランディングページ最適化）、広告運用といった施策がそれらに該当します。しかしこれらの施策は、前述のクッキー規制やアフィリエイトの規制など、さまざまな環境変化に影響を受けています。

また、顕在化している顧客を相手にするだけでは、この少子高齢化の時代ではマーケットは広がっていきません。

そして、検索ワードを争うライバルが増えるにつれ、リスティング広告[2]はオークションの競争激化が起こり、広告をクリックしたときに企業が支払うクリック単価が上がっていきます。当然のことですが、顧客獲得単価が高騰すればするほど収益は下がります。

SNS・デジタルプラットフォームのアルゴリズムの変化もたびたび起きています。TikTokに対抗して「Twitter」や「Instagram」もアルゴリズムを進化させ、フォロー・フォロワー関係からレコメンデーション中心の空間を築こうとしています。その結果、従来のように自社でアカウント運用をしても、思ったように投稿の表示回数が伸びない、露出されないと悩んでいる方も多いのではないでしょうか。

加えてSNS運営会社が規約変更を行う流れも見られます。「○○をプレゼントするからクチコミ投稿してね」「○○をプレゼントするからアカウントをフォローしてね」といったプレゼントキ

2 **リスティング広告** 検索エンジンに入力するキーワードに関連して表示される広告。クリックに応じて課金が発生するタイプの広告であり、「検索連動型広告」とも呼ばれる。代表的なものはグーグル広告やYahoo! 広告。

ャンペーンの手法が使えなくなるなど、従来の手法が扱えなくなりつつあります。

さらに、情報の99%は本当に届けたい人に届かないでしょう。インターネット、スマートフォン、SNSの普及によって、情報環境は大きく変化しています。一人ひとりが情報の発信者となり、それにより社会に流通する情報量は爆発的に増加しているからです。

現代人は、非常に多くの情報にさらされています。単純な宣伝は、目に入ってもスルーされてしまいます。情報を垂れ流しているだけでは、消費者に届きません。多くの方が、日々、数多くの宣伝を目にし、そのほとんどを気に留めないで生活していることでしょう。

3-2 なぜアテンションが取りづらいのか「SNS7つのファクト」

「誰もが見ているメディア」は存在しない？

現在30代以上の方は、学生時代に「昨日のめちゃイケ観た？」「月9のドラマ観た？」といった会話をした経験があるでしょう。マスメディアのコンテンツを、お茶の間で見るという視聴形式があった時代です。

今は、メディアの細分化が起きたため、紅白歌合戦やW杯などの国民的なコンテンツでない限り、誰もが同じメディアを見る、ということはなくなりました。その大きな要因は、スマートフォンの普及です。1部屋に1台テレビがある家庭は、少数派だったはずです。今や、1人が1台スマートフォンを持っています。

情報も、一人ひとりに合わせたものが届いてくるようになりました。各SNSはユーザーの趣味嗜好や行動からさまざまなデータを集め、おすすめで情報が流れてきます。グーグル検索にしても、各々が目にしている検索結果は違ったものになっているはずです。

メディアが細分化された結果、各々が見るメディアも変わっていきます。1個の大きなコミュニティはなくなり、小さな無数のコミュニティができている状態です。

「広く浅く」から「狭く深く」へ。皆が同じ情報を観ている時代は終わり、違った情報をそれぞれが見る時代になったのです。こうした細分化が起きた結果、マスに一気に情報を届けることが難しくなりました。

人は、使わない知識を忘れていきます。ブランドも同様で、メディアの細分化の影響でお客様との接点を取れないブランドは忘れ去られていくかもしれません。

ではどのようにすれば、この変化の中でも効果的に情報発信ができるのでしょうか？ そのためにも主要な顧客接点になるSNS活用の模索が重要です。より良い活用のために、ここからは知られていない7つのファクトを紹介します。

SNS7つのファクト(1) スモール・ストロング・タイ

SNSはユーザー同士がどんな関係でつながっているのかを知ることが重要です。友人知人など身近な人や少人数で使っている範囲を「プライベートグラフ」、学校の友人や同級生など身近な人で使っているものを「ソーシャルグラフ」、そして趣味や興味関心でつながっている関係性を「インタレストグラフ」と呼びます。

それではSNSは実際にどのような関係性の中で使われているかご存知でしょうか。図表3－3は、Twitter利用ユーザーが抱えるフォロワー数を示しています。

Twitterは一見、興味関心でつながるインタレストグラフのアカウントが多いと思われがちですが、ホットリンクが調べたところ、10～50人の関係性で使っているユーザーは65%、フォロワー数50人～300人が25%、300人以上は10%となりました。

Twitterの場合は、ユーザーの90%が300人以下の関係性で使っています。ほとんどが、知人や友人、会社の同僚や地元の友達といった身近な関係性（プライベートグラフ）の中で使われているのです。また、プライベートグラフやソーシャルグラフでつながっているユーザー同士は大半が同じようなフォロー・フォロワー関係だったりします。このような、リアルな関係に近い濃密なつながりのことを、筆者は「スモール・ストロング・タイ（小さくて強いつながり）」と呼んでいます。

図表 3-2　メディアの細分化

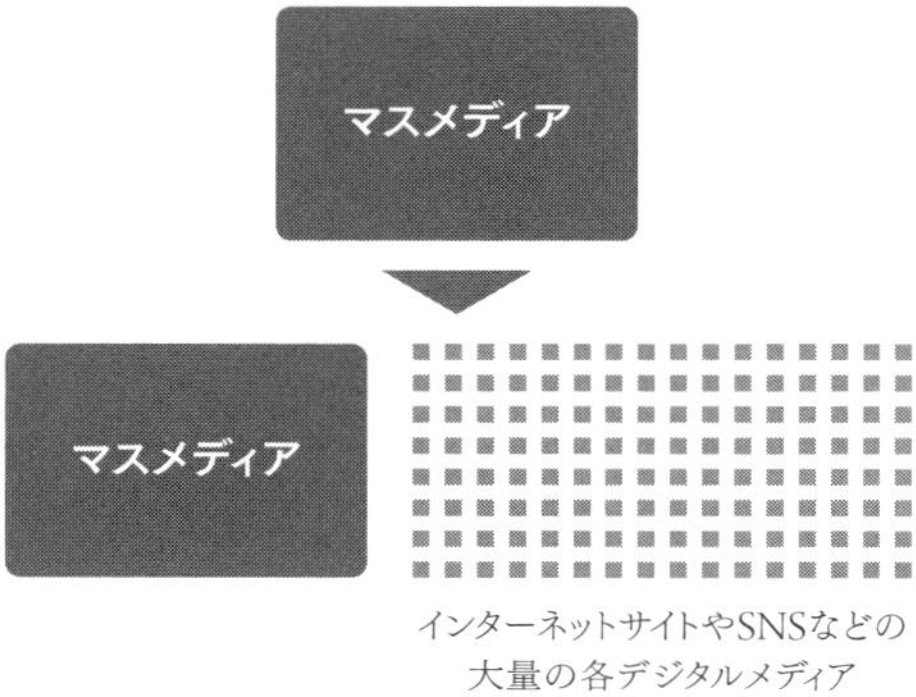

図表 3-3　Twitter 利用ユーザーが抱えるフォロワー数

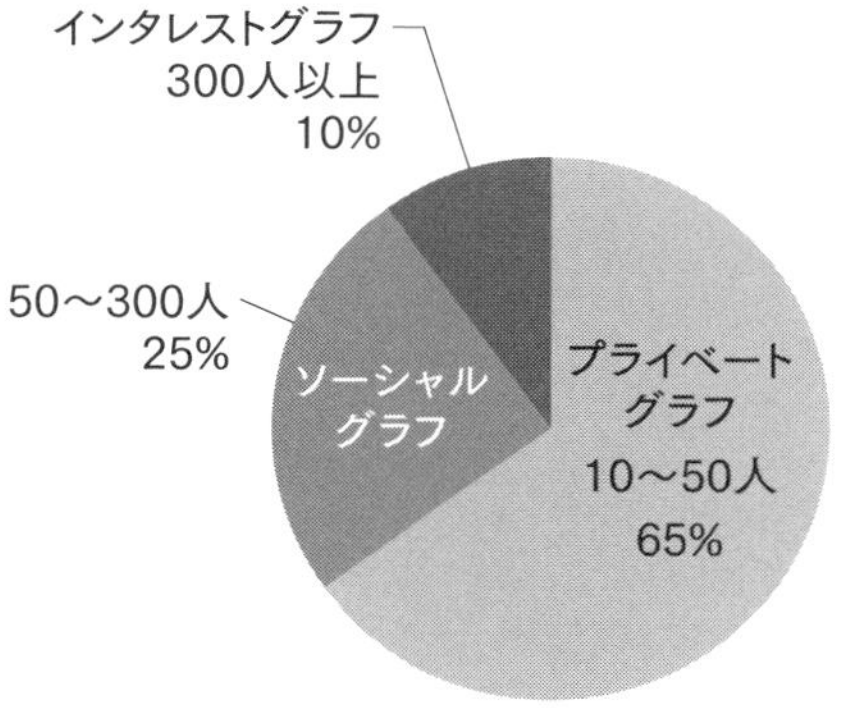

出所：ホットリンク調査

図表 3-4 Twitter アカウントの From・To 分析の結果

東京都

順位	都道府県
1位	東京
2位	埼玉
3位	神奈川
4位	千葉
5位	山梨

北海道

順位	都道府県
1位	北海道
2位	青森
3位	秋田
4位	宮城
5位	福井

大阪府

順位	都道府県
1位	大阪
2位	奈良
3位	和歌山
4位	兵庫
5位	京都

相互メンションネットワークをFrom-To分析した結果
出所：ホットリンク調査

SNS7つのファクト⑵ ツイートは、地域を越えない

Twitterがほぼ身近なつながりで使われていることを裏付けるもう一つのデータを紹介します。図表3－4は、Twitterのユーザーがどんな人にメンション（コメント）を送っているかを「From・To分析」[3]という方法で分析した結果です。地域情報は、そのアカウントのプロフィールや投稿内容に基づいています。

例えば、東京の人はどういう人たちとメンションを飛ばし合っているのでしょうか。1位は東京、2位は埼玉、3位以下は神奈川・千葉・山梨という結果が出ています。基本的に、会話は近隣の人たちとで行われているということがわかります。

3 **From・To分析** Twitterの高度な検索機能の一つである「from検索」と「to検索」のデータを分析すること。「from検索」は検索欄で「from：ユーザーのID名」を入力し、特定のユーザーが投稿したツイートを絞り込んで検索する機能。「to検索」は検索欄で「to：ユーザーのID名」を入力し、ある特定のユーザーに向けられたリプライやメンションを絞り込んで検索する機能。

その他の地域では、例えば北海道は、1位は北海道、2位は青森、3位以下は秋田・宮城・福井。大阪は、1位は大阪、2位は奈良、3位以下は和歌山・兵庫・京都という結果になっています。基本的にSNSでは、近い関係性の人同士で会話が成り立っています。全国津々浦々で話題になっているときも、まずは近隣同士の会話から始まっているのです。

このデータが示す事実は、Twitterは物理的に近い距離の人同士がつながっているということです。言い換えれば、Twitterが地域を越えることはあまり多くない、ということです。基本的にプライベートグラフやソーシャルグラフで使われるため、東京の人は東京近辺の人とよく会って飲み会をする。メンションするぐらいの仲の人は、基本的には近い地域に住んでいる。こういう関係性だからこそ、拡散の構造やFrom・To分析、メンションのやり取りも見えてくる、ということになります。

ここから導き出せることとして、Twitter上で全国的な話題になるためには、全国津々浦々に情報が届いていたり、各地からクチコミがポコポコと発露されている状態が必要、ということです。

SNS7つのファクト⑶　拡散はチェーンのように広がる

多くの人は、大きな拡散やバズは、インフルエンサーであったりフォロワー数の多い芸能人が一気にドカンと広めていくイメージを抱いているのではないでしょうか。しかし実際は、情報がチェーンのようにつながって伝播していった結果、バズが起きていることが多いのです。

例えば、3年A組の人の会話がB組へ、その隣のC組へ伝わり、C組のサッカー部から他校のサッカー部の3年N組につながる……こういう身近な交友関係から広がっていくのです。バズとはフォロワーの多い人からつながるケースもありますが、チェーンのようにつながっていくのが一般的です。ゆえに、フォロワーが30人しかいない人たちが発信元でも拡散は起こるのです。

「拡散」と聞くとフォロワー数の多い芸能人からドカンと広がるイメージですが、実際はその30人のフォロワーにつながり、またそのフォロワーにつながって拡散していくのです。狭い関係性で、情報が太くつながっていく。そう考えると、フォロワー数の多い人たちに発信してもらうインフルエンサーマーケティング的なアプローチがある一方、フォロワー数が30人しかいなくてもパワーを持つ発信者を無視するのはもったいないことです。

図表3–5　人から人への情報伝播のイメージ

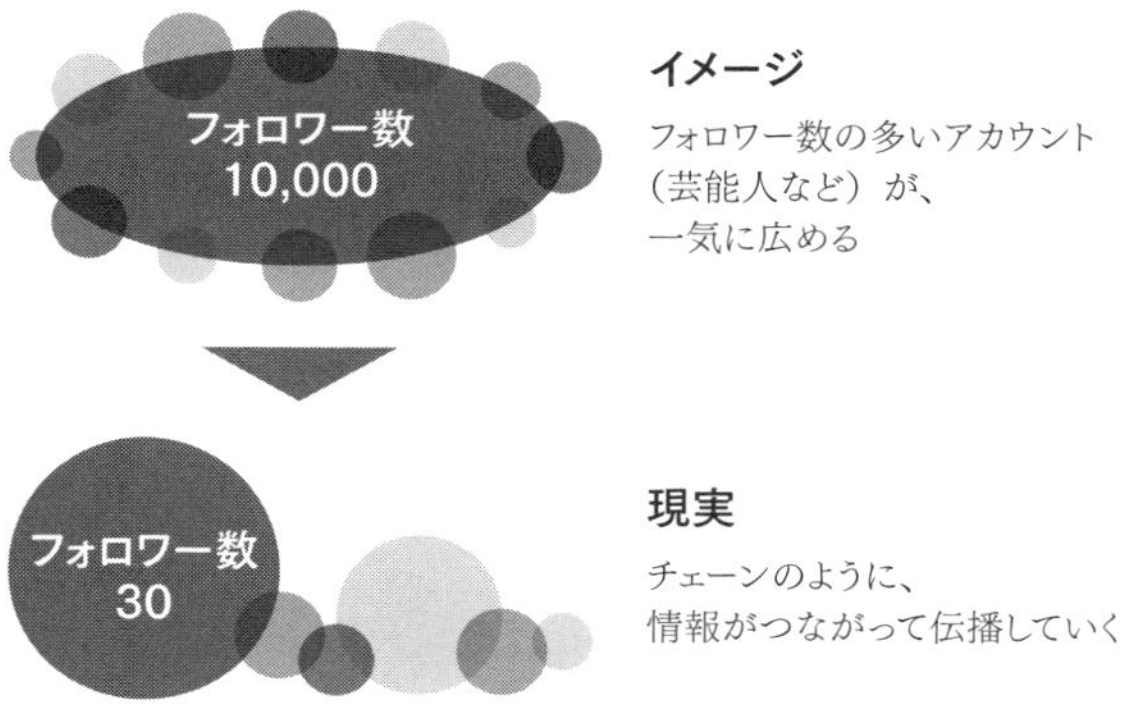
フォロワー数
10,000
イメージ
フォロワー数の多いアカウント
（芸能人など）が、
一気に広める
フォロワー数
30
現実
チェーンのように、
情報がつながって伝播していく

人間関係というチェーンをつなげた後に、質の高い公式投稿や良いUGC（User Generated Content：ユーザー投稿＝クチコミ）などが生まれると、そのチェーンに乗って情報が流れていくという構図です。拡散のチェーンを作ること、良いコンテンツを作ること、この2つが必要になります。

言い換えるなら、「**バズの高速道路網を作る**」ということです。シェアしたくなるコンテンツがスーパーカーだとすると、全国津々浦々に高速道路網のように走りやすい（拡散されやすい）経路を作るわけです。

拡散がチェーンで広がっていく事例を紹介します。奈良県にある「まるかつ」というとんかつ屋さんです。[4]

当時、フォロワー数が多いわけではない店主の投稿が、バズったケースです。

2018年に起きた「平成30年豪雪」で、北陸地方に大雪

図表 3-6　まるかつさんの Twitter アカウント

が降りました。そこで、まるかつさんは次のような投稿をしていました。[5]

福井県の皆さん！豪雪たいへんだと思いますがどうかご無事で。雪があけて奈良に来ることがあったら「福井県民」とわかるものご提示で全メニュー半額にします！※2018年桜咲く4月末まで #福井県民割引

この投稿が共感を呼び、深夜の投稿だったにもかかわらずバズりました。

4　「とんかつ店まるかつ奈良本店・生駒店・天理店」の Twitter アカウント　https://twitter.com/marukatsunara

5　「とんかつ店まるかつ奈良本店・生駒店・天理店」の Twitter アカウントによる2018年2月7日のツイート　https://twitter.com/marukatsunara/status/960924457501040641

ホットリンクが提供している分析ツール「BuzzSpreader Powered by クチコミ@係長」を使って時間軸で推移を見たところ、最初の投稿は午前2時なので初速は少なめでした。しかし、翌朝からグイッと投稿数やリツイート数が伸び、深夜になって少し落ち着いたものの、2日目以降もまた拡散しどんどん広まっていきました。

さらに分析したところ、最初はやはり近い地域の人たちの間でリツイートが起こりました。この頃は「福井」「豪雪」というキーワードで検索もされていたため、「Twitter検索をするとこの投稿がひっかかり、話題にされていたのだと考えられます。

このように、バズは必ずしもフォロワー数が多い人の投稿だけが発信源ではありません。リツイートとフォロー・フォロワー関係から、チェーンのように話題がつながっていくこともあります。

もう一つの例を紹介します。洋菓子メーカーのシャトレーゼではアレルギー対応のクリスマスケーキを販売していますが、「シャトレーゼのアレルギー対応のケーキがお手頃でしかも通販可。もっと広まれ!」という内容の投稿が、2000回以上リツイートされるような話題になったことがあります。

図表 3-7　どういうアカウントにフォローされたらうれしいですか？

アカウント ①	300フォロー	10,000フォロワー	3,000ツイート
アカウント ②	2,000フォロー	350フォロワー	10,000ツイート
アカウント ③	30フォロー	50フォロワー	50,000ツイート

ホームページに記載していた、アレルギー持ちの子供でも食べられるケーキの商品画像に感動した方がツイートしたものでした。発信時点ではフォロワー数が80人ぐらいしかいなかったにもかかわらず、日本中にクチコミが広がりました。同じようにアレルギー持ちのお子さんを育てているママアカウントや子ども時代にケーキが食べられなかった人たちの間であっという間に拡散されたのです。

SNS7つのファクト(4) 本当のインフルエンサーとは誰か？

本当のインフルエンサーとは、誰なのでしょうか。これは「どういうアカウントにフォローされたらうれしいですか？」という話になります。

直感的に考えると、フォロワーが1万人いるアカウント①が、自分のアカウントをフォローしてくれたら嬉しいでしょう。大半の方はそう考えるのではないでしょうか。しかし、「本当のインフルエンサー」は誰なのかという観点では、疑問があります。

例えば、インフルエンサーの定義を「弊社のブランド商品を宣伝してくれる人」「購買に影響力をもたらしてくれる人」と考えてみましょう。

図表を注意深く見ると、アカウント①はフォロー数が300人です。おそらく、フォローする数を厳選して、フォロー数よりもフォロワー数のほうが圧倒的に多く見えるようにしているのかもしれません。こういった人は企業アカウントをフォローしてくる可能性が低く、リツイートや紹介を行ってくれることも少ないでしょう。

アカウント②はフォロー数2000人・フォロワー数350人です。このようなケースでは、フォロー数が多すぎてタイムラインがすぐに流れてしまいます。企業アカウントをフォローしてくれていても、企業の投稿に気づかない可能性が高いです。

アカウント③は、直感的には「影響力が少ないのでは?」と思ってしまいがちです。しかし、影響力があるのはこういうタイプです。

まず、ツイート数5万はかなり多い水準ですが、カジュアルにリツイートしたり、「これおいしい」といった感想をつぶやく方なのだと想像できます。「この店おいしい」「この服かわいい」といったUGCをたくさん出してくれる可能性があります。SNS上でおしゃべりな人とイメージしていただくとわかりやすいかもしれません。

次に、フォロー数が30人と少ないため、フォローされた企業アカウントが発信する情報もタイムラインに流れていき、目に留まりやすいのです。

そしてフォロワー数です。前述のように拡散はチェーンのように起こります。よって、フォロワー数の少なさは問題ありません。たとえ50人であっても、その50人のフォロワーへ拡散される可能性があります。

したがって、アカウント③のように「フォロー数が少ない」「ツイート数が多い」人ほど情報拡散に寄与してくれるアカウントであり、真のインフルエンサーといえます。

SNS7つのファクト(5) キャンペーンで集まるフォロワーは「懸賞アカウント」

フォロワー数をKPI（Key Performance Indicator：重要業績評価指標）に置いて、さらに人事評価とも連動させている企業は多いでしょう。また、効率的に企業アカウントにフォロワーを集める施策の一つとして、懸賞キャンペーンがあります。

懸賞キャンペーンとは、「このアカウントをフォローして、この投稿をリツイートしてくれた人の中から抽選で○名様にこの賞品をプレゼントします！」というフォローを条件としインセンティブとしてなんらかのプレゼントをする施策です。

過去に筆者がフォロワー分析を行った結果、懸賞キャンペーンでフォロワーを集めていたある企業アカウントでは、フォロワーの半数以上が懸賞アカウントだったということもあります。

懸賞アカウントは、文字通り「懸賞に応募するためだけに利用されているアカウント」であり、それ以外の目的で運用されていません。普段はタイムラインをほとんど見ていません。当然ながらUGCを出しませんし、懸賞参加目的以外の投稿へのリツイートもせず、他のアカウントと交流を行っていません。企業が懸賞キャンペーンやプレゼントキャンペーンを乱発すると、こういったアカウントが多く集まってきます。仮に競合よりもフォロワー数が多い状態だとしても、集まっているフォロワーの質が良くなければ、情報を広げる力では負けているかもしれません。

それでも、フォロワー数の半分は普通の一般アカウントであると考えれば、一般消費財などを扱う企業では、懸賞キャンペーンはフォロワー集めに有効な手法かもしれません。しかし、ニッチなジャンルの商品であればあるほどアカウントのフォロワー属性は乱れ、結果としてレコメンドに乗りづらくなるデメリットも考えられます。

また、販促のキャンペーンを行い、企業アカウントの投稿に対するエンゲージメント数をKPIに設定してガチガチに目標を追ってしまうと、「この投稿にいいねやリツイートをすれば○○をプレゼント」というインセンティブをつけたくなります。しかし、そこにエンゲージメントする人は懸賞目的アカウントだけでなく、botなど、生身の人間でない可能性も高いのです。

いかようにも操作できるKPI、例えばエンゲージメント数などをSNS担当者の評価指標とすると、こうした効果の薄い施策に依存することになりがちです。見た目のフォロワー数ばかりに追われて「懸賞キャンペーン漬け」になるかもしれません、

SNS7つのファクト⑹　バズの入射角と反射角は等しい

「バズは一過性である」と、よくいわれています。このことはデータからでも説明できます。例えば、ソーシャルリスニングツール「BuzzSpreader Powered by クチコミ@係長」で「花火」のクチコミ量を調べると、だいたい花火シーズンの7〜8月に盛り上がり、その後に下がっていくという波形になります（図表3－8）。

また、「ホワイトデー」は3月14日まで伸びていって、3月15日から急速に下がります。花火は

図表 3-8 「花火」のクチコミ量

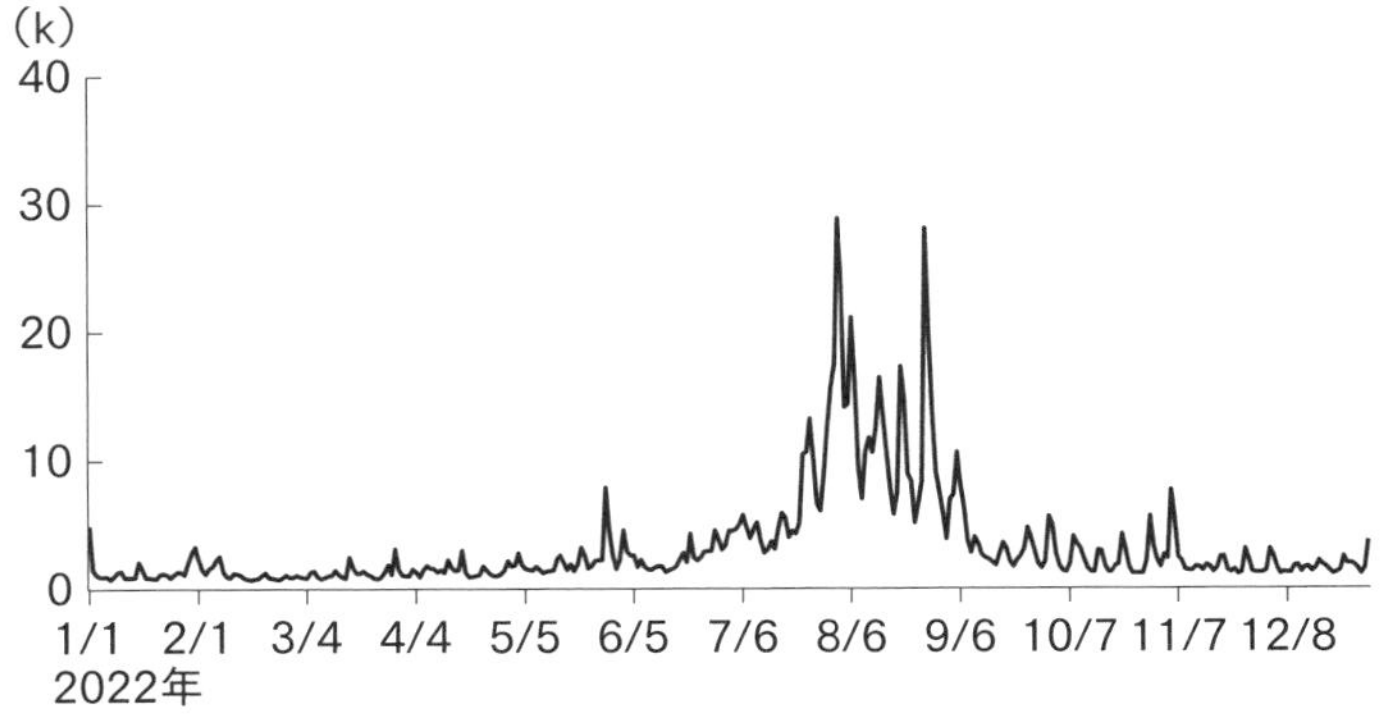

10%サンプリングデータから抽出、分析期間：2022/1/1～2022/12/31、
ワード：「花火」
出所：ホットリンク調査

山なりに下がりますが、ホワイトデーはもっと急です。データを見ると、バレンタインデーとホワイトデーはセットで語られていて、ホワイトデーは、3月から少しずつ話題が広がっていきます（図表3－9）。

そして、ホワイトデー当日にクチコミ量は最も多くなり、3月15日になった瞬間に、クチコミ量は急激に減っています。波形も急速に下がっていきます。

次は「クリスマス」です（図表3－10）。このクチコミの波形も、ホワイトデーと近いです。12月ぐらいから、一気に増えていきます。

街中がクリスマスモードになる季節なので、12月からだんだん増えていく。24、25日にグイッと上がっていきますが、27日ぐらいにはどーんと下がります。その頃には、年末年始～お正月気分になっているためです。

図表 3-9 「バレンタインデー」と「ホワイトデー」のクチコミ量

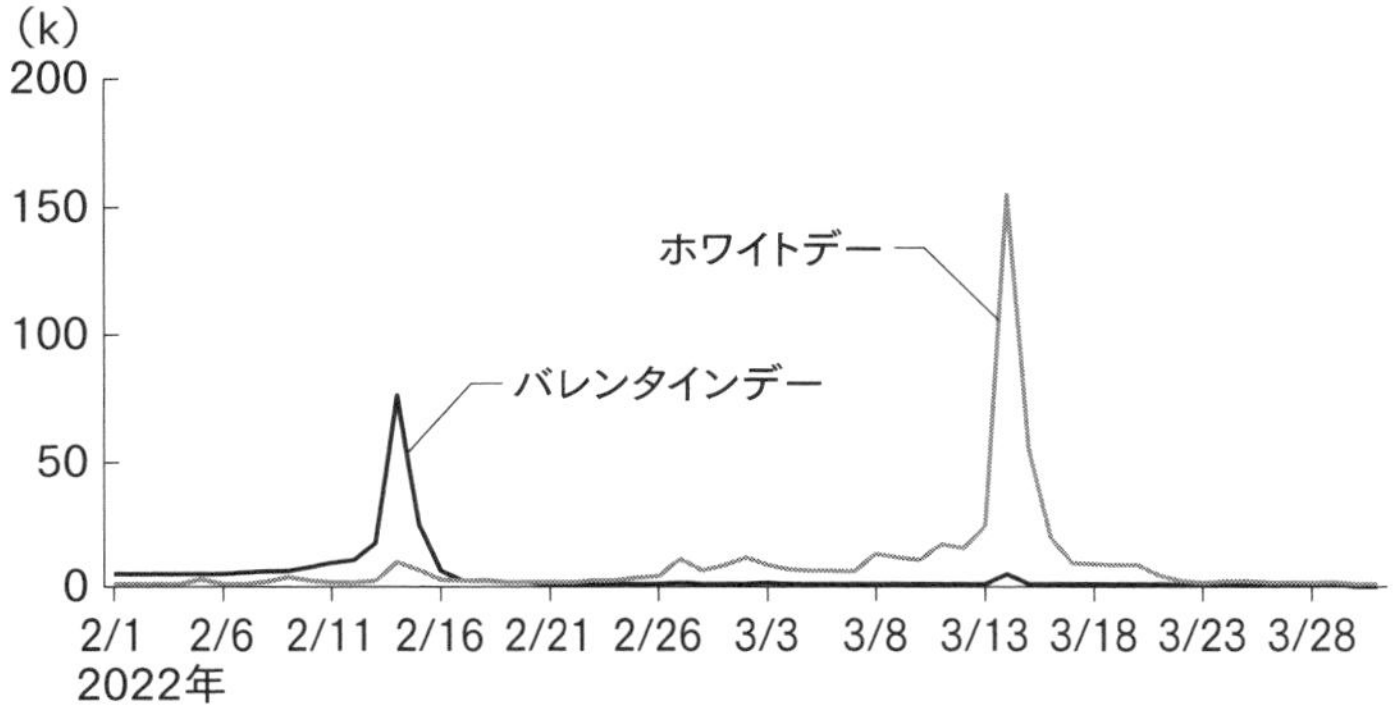

10%サンプリングデータから抽出、分析期間：2022/2/1〜2022/3/31、
ワード：「バレンタインデー」「ホワイトデー」
出所：ホットリンク調査

図表 3-10 「クリスマス」のクチコミ量

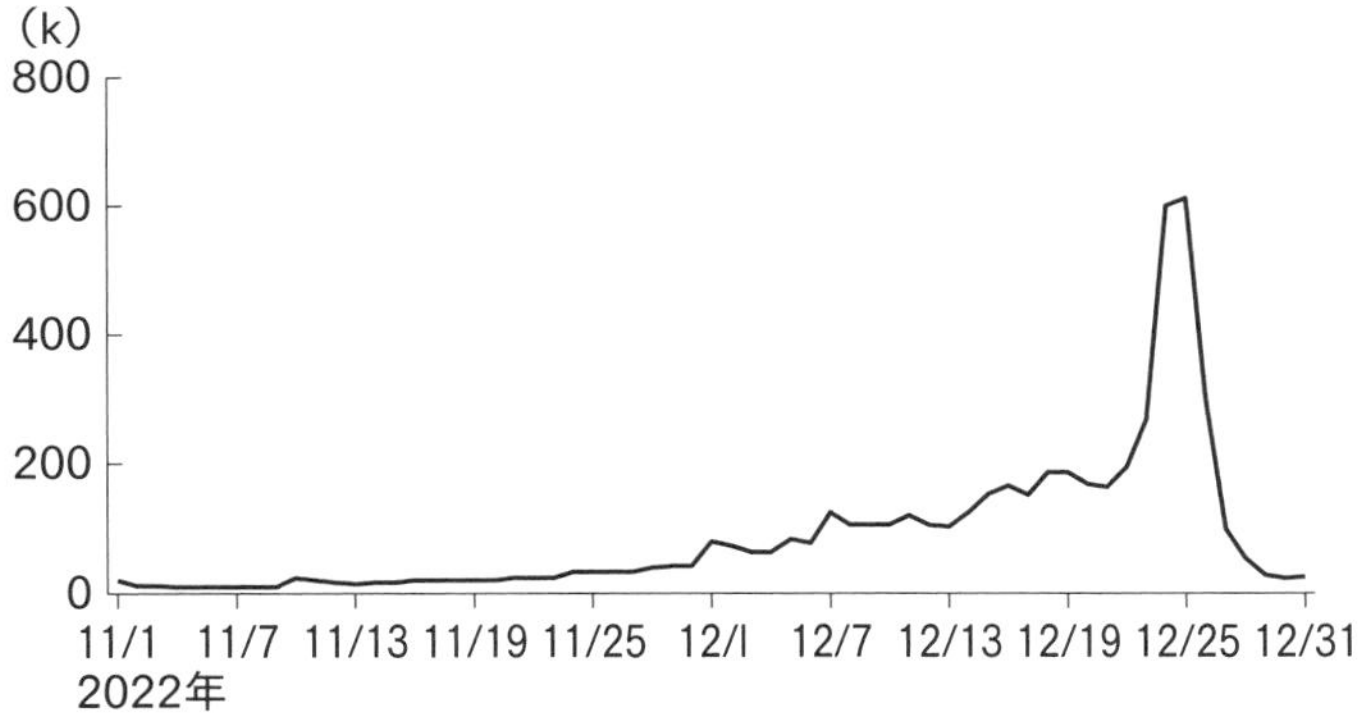

10%サンプリングデータから抽出、分析期間：2022/11/1〜2022/12/31、
ワード：「クリスマス」
出所：ホットリンク調査

図表 3–11 「結婚発表」のクチコミ量

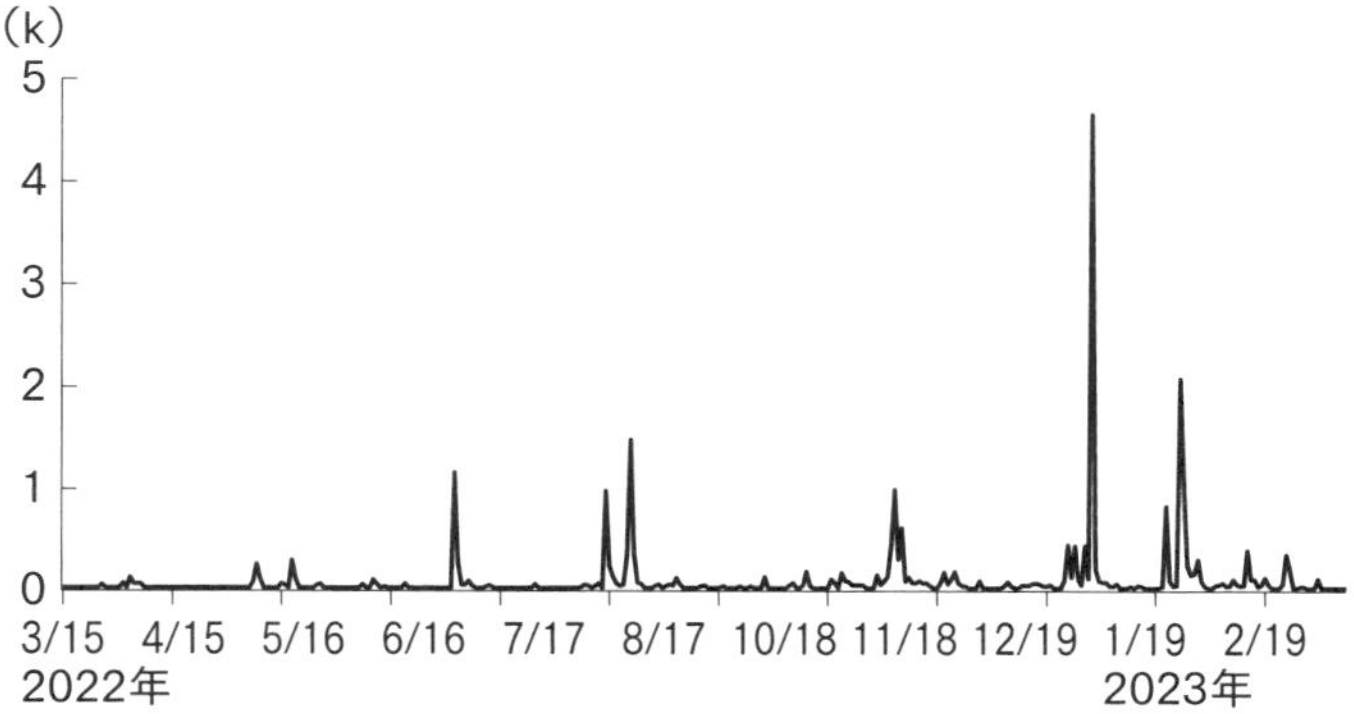

10%サンプリングデータから抽出、分析期間：2022/03/15-2023/03/14、
ワード：「結婚発表」
出所：ホットリンク調査

「結婚発表」のクチコミの波形をみていきましょう（図表3－11）。芸能人の結婚発表のような芸能ニュースはどーんと上がった後は、どーんと下がっていきます。日本中を一気に駆け巡り、駆け巡り終えると話題のネタとして消費されきったということが、このクチコミ数の波形からも読みとれます。

このように、基本的に**バズの入射角と反射角は等しい**のです。「SNSでバズらせて宣伝しよう」という手法がありますが、バズは一過性の認知としてすぐに戻ってしまうのです。「クリスマス」「ホワイトデー」など一部キーワードは少し前からジワジワ上がりますが、おおむねガッと上がってガッと下がります。

対照的なのが、「マリトッツォ（パンにたっぷりの生クリ

図表3–12 「マリトッツォ」のクチコミ量

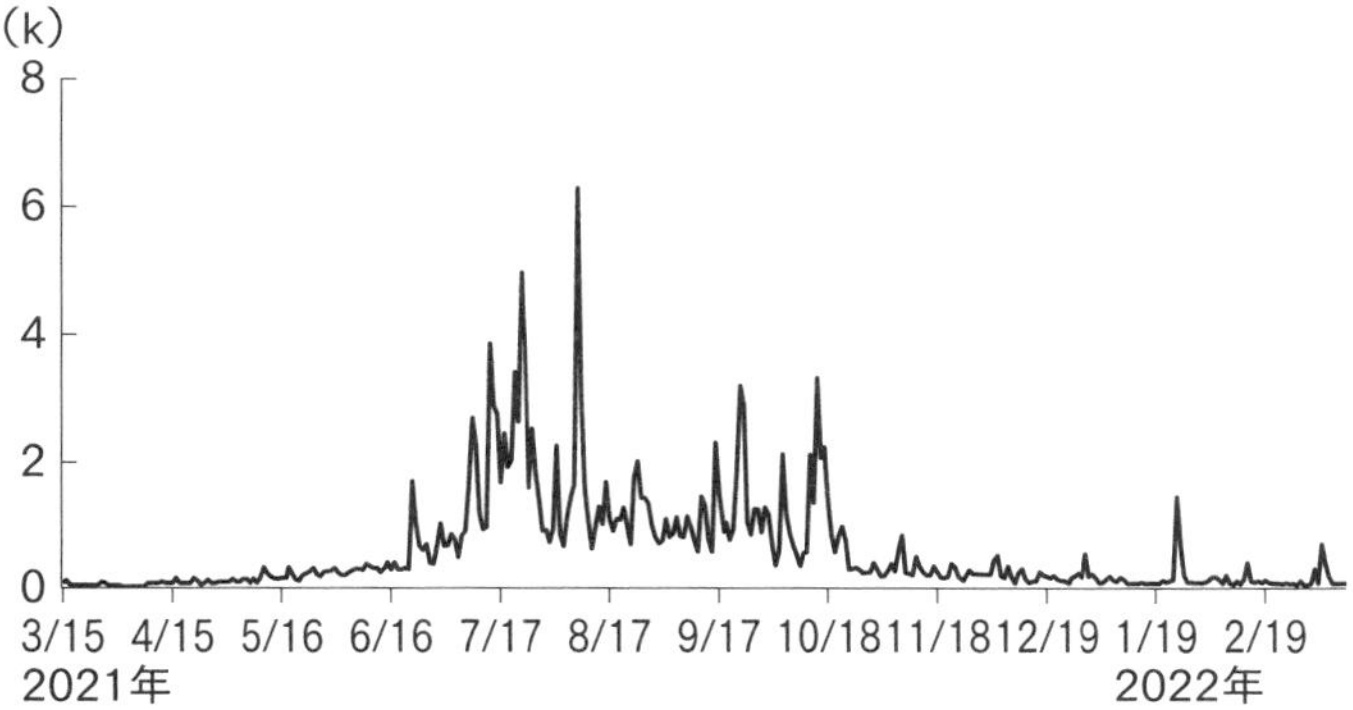

10%サンプリングデータから抽出、集計期間：2021/03/15-2022/03/14、
ワード：「マリトッツォ」
出所：ホットリンク調査

ームを挟んだスイーツ）」です（図表3－12）。2021年の春頃からジワジワ上がっていることがわかります。

マリトッツォの場合、4〜5カ月ぐらいでじわじわと上がっていき、ピークを迎えた後はじわじわと下がっていくような波形になっています。

繰り返しになりますが、多くのケースでは、クチコミ数は入射角と反射角が等しい波形になります。**急激に上がったものは急激に下がり、緩やかに上がったものは緩やかに下がる**のです。

我々が「スパイク型」と読んでいる、急激に上がり急激に下がるようなクチコミ数の波形では、一過性の認知に終わるため、マーケティングの投資対効果は低くなります。山の高さ、盛り上がりの高まりがあっても、すぐに落ちていってしまいます。瞬間風速はあっても、持続していきません。一過性のバズに頼りっぱなしだと、

「またバズを起こさなきゃ」と焦りが生まれるかもしれません。

クチコミ数の波形が右肩上がりになるような「積層型」の施策を仕掛けていくほうが中長期的な成果が出るようになります。投資対効果の面からもおすすめです。基本は地道にクチコミを出し、積層させていき、評判をストックさせていくことです。いい評判がストックされていれば、どこかでブランドについて見聞きして、気になって、**SNS検索してくれた人がその評判に触れてくれる**からです。

一過性のバズを狙うのではなく、UGCが積層していく施策を丁寧に設計しましょう。プランニングにおいて、「これまでUGCを出さなかった人が出してくれるにはどうすればいいか」というアプローチに切り替えるべきです。一度UGCを出した人に、もう1回・もう2回とクチコミを広げてもらうにはどうすればいいでしょうか。クチコミを丁寧に増やす、クチコミのもとになるネタの数を増やすといったアプローチが重要になります。

ネタは、すぐに消費されていきます。いろいろな話題を投下し、クチコミのネタや、クチコミしたくなるきっかけや口実、文脈[6]を提供して右肩上がりにUGCを増やしていくことが大事なのです。

このUGCを増やしていくメソッドは、第4章の「鉄則2」で紹介します。

SNS7つのファクト(7) 見えないクチコミ「ダークソーシャル」の影響力

SNSマーケティングでは、閲覧するユーザを制限しない「オープンソーシャル」を前提として語られることが多いです。Twitter や Instagram のタイムライン、公開アカウントや公開ブログなどがそれにあたります。一方で、ダークソーシャル[7]と呼ばれるプライベートなSNS内でのDMやチャットでもクチコミは生まれ、拡散し、購買行動に大きな影響を及ぼすようになっています。

個人間のやり取りは、EメールからLINEへ移行しました。昨今の若い世代は、LINEだけでなく Instagram や Twitter のDM（ダイレクトメール）も活用しています。

6 **文脈** 本書ではクチコミが生まれるような、消費者が置かれた状況やシチュエーションのことを文脈と呼んでいます。

7 **ダークソーシャル** 外部からのアクセスや会話内容のデータが取得できないなど、情報が外部に公開されない限定的なSNSを指す。Twitter や Instagram のDM、鍵アカウント、LINEや Slack といった社内チャットツールなどが該当する。

友人とDMで「ここの飲食店やカフェ良さそうだから一緒に行こうよ」「この洋服、似合うんじゃない？」などの会話から行動をしたことはないでしょうか？ **それが見えないクチコミである**
ダークソーシャルの影響力です。

人々のクチコミが可視化されてデータ分析も容易なオープンソーシャル以外にも、見えないダークソーシャルにおいてもどのように消費者同士で影響を与えているのかについての洞察も重要です。マーケターは「LINEでどんなことがつぶやかれているのか」を想像できなければなりません。LINEで「このお店美味しかったよ、今度行こう」「○○でこの前欲しいって言ってたジャケットがバーゲンになってるよ、買っておく？」など、ブランドに関してどのような会話が起きているかの洞察が重要でしょう。

筆者は、SNSのクローズドな使われ方の実態を把握するため、ダークソーシャルの購買への影響に関する調査を2021年に実施しました。その結果、次のようなことが明らかになりました。[8]

- DMの利用率：Twitterは約32%、Instagramは28%
- DMを送る相手：Twitterは共通の趣味を持つ知人、Instagramは学校の親しい友達が多い傾向に
- DMを利用しているInstagramユーザーの約54%が、DMをきっかけに消費者行動を起こしたことがある

本調査結果に対する有識者のコメントを記載します。参考にしてみてください。

［みる兄さん（Twitter ID：@milnii_san）］
Twitterやインスタグラムのグループの動きは見逃せない。どちらのSNSも投稿をシェアしやすい導線が整っているので、友人への推奨行動が起こりやすい。Twitterなら、いいねやリツイートより、友人知人にDMでシェアする行動の方が購買アクションに近い。ブランド側の視点で見ると、インプレッション[9]より、その投稿からどれくらい推奨や保存につな

8 ホットリンク総研が解説する、クローズドなSNS利用と購買への影響に関する調査結果（ホットリンクHP 公開日：2021年7月8日）
https://www.hottolink.co.jp/column/20210708_109780/

がったか？ を見る形にシフトしていくのかもしれない。

[三川夏代さん（Twitter ID : @nach33）]
DMが購買行動になにかしらの影響を与えていることは明らかで、特にInstagramはオープンな場（ストーリーズやフィード投稿）からクローズドな場（DM）へと会話がシフトする傾向にある。これらを踏まえると、オープンな場でのクチコミだけでなく、その先にあるダークソーシャルの動きを読み取れる指標（保存数など）にも注目していく必要があるかもしれない。

[りょかちさん（Twitter ID : @ryokachii）]
情報が膨大な今、私たちはアルゴリズムや他者によるおすすめを重宝してきました。インフルエンサーのオススメが人気になるのは、信頼があるから。そしてさらに私たちが信用しているのが、〝身近な友人〟です。友人による確度の高いレコメンド行動はダークソーシャルの中にあります。友達同士でしかシェアできない情報もあるかも。目には見えないが強烈な消費者行動に注目すれば、消費者理解がさらに深まるはずです。

本調査によりダークソーシャルの影響度が定量化されたことで、SNS上のDMの影響力について新たな認識を持った方もいるでしょう。**見えないところでもクチコミはされている。これを意識するかしないかで、施策の意義や得られる成果は変わります。**1対nだけでの情報伝播の発想から、消費者同士のN対nも含めた情報伝播への発想へシフトしていきましょう。

SNS活用のポイント「UGC」とは何か？

外部環境の変化と、7つのデータをご紹介しました。**このようなSNS時代の情報伝播においてカギを握るのが、「N対n」の視点でメディアを最大限に活用する発想と、UGC（クチコミ）です。**これは、何もSNS上の書き込みだけを指すものではありません。

例えば「食べログ」のレビュー、「価格.com」のユーザー投稿などいろいろなクチコミがあります。「PayPay」が大規模なポイント獲得キャンペーンを展開したことがありますが、このキャンペーンの情報は、PayPayの公式アカウント以外にもさまざまなユーザー投稿で目にしたのでは

9 **インプレッション** 広告が何回ユーザーに見られたかを測る指標。広告の表示回数。本文では、TwitterやInstagramなどのSNSにおける自社の投稿やSNS広告の表示回数を指す。

ないでしょうか。こうしたものも、UGCです。

とはいえ、同じUGCでも、SNS上のUGCはクチコミサイトでのUGC以上に強い力を発揮します。なぜなら、SNSには「シェア」や「リツイート」といった拡散の装置があるからです。また、昨今はUGCがさまざまなメディアで様々な用途と関連づけて解説されるようになりました。UGCの用途は大きく3つに分けられると考えています。

- クチコミによる伝達
- 商品へのレビュー
- 自然なクリエイティブ

「クチコミによる伝達」とはつまり情報伝播です。「商品へのレビュー」とは「食べログ」や「価格.com」や「Amazon」などでの商品に対するクチコミです。この商品へのレビューについては該当の商品ページに訪問した場合に見られるものであり、このレビュー自体には情報伝播の力はありません。「自然なクリエイティブ」とは、広告色がない自然な商品の写真などのことを指します。こちらもECサイトの商品ページに利用されたり、広告配信時にクリエイティブとして利用

図表 3-13　UGC の類型

クチコミによる伝達	商品へのレビュー	自然なクリエイティブ
情報伝播：○	情報伝播：×	情報伝播：×
メッセージ性：○	メッセージ性：○	メッセージ性：○

されるもので、レビューと同じくこれ自体に情報伝播の力はありません。

情報が溢れる中では、〝誰が〟言っている情報であるかが、情報発信における重要なファクターになっています。UGCには、情報爆発の現代において大きな強みがあります。それは「目に留まる」ということです。

STAFF START（株式会社バニッシュ・スタンダード）が発表した「商品の購入に迷ったとき」の行動に関するアンケート[10]によると、「商品の購入を迷っている際に、最も参考にする人」の第1位が「家族や友人」となっています。これは、UGCの影響力の高さを示すデータの一つといえるでしょう。

情報爆発でどれほど情報が届きにくい時代になったとしても、家族や

10 「お買い物に迷ったとき」の行動に関するアンケート
（株式会社バニッシュ・スタンダードHP　公開日：2023年1月11日）
https://www.v-standard.com/news/230111/

図表3-14　商品の購入を迷っている際に、最も参考にする人（単一回答）

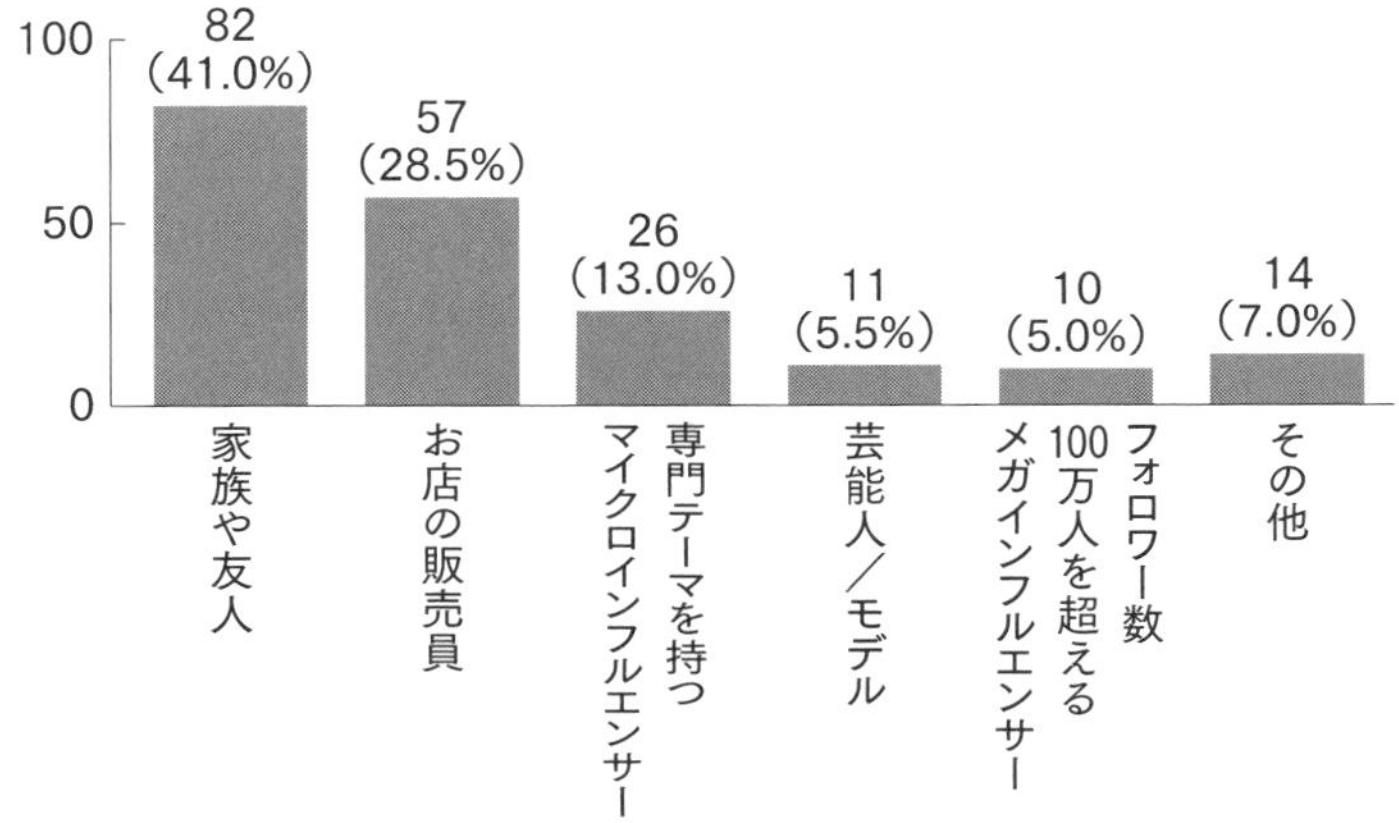

出所：バニッシュ・スタンダード「メガインフルエンサーは最下位！買い物の参考にする人、2位は「お店の販売員」。1位は「家族・友人」と、「憧れる人」よりも「信頼できる身近な人」から買う時代に」https://www.v-standard.com/news/230111/

友人、知人の言葉は、消費者に響く。つまり「近い人の情報は信頼される」ということです。あるいは、企業が発信する情報よりも、「友人や知人のクチコミのほうが信頼できる」と思っている人が多いということです。

UGCにゆだねるという発想

SNS・デジタルプラットフォームマーケティングにおいては、UGCの活用も重要になっています。なぜUGCが重要になったのかというと、メディアの多様化が挙げられます。一人の人が「Twitter、Instagram、Facebook、LINE、TikTok」のアカウントを同時に持っていることは珍しいことではありません。

これらはすべて、投稿形式も内容も異なります。TikTokではショート動画、Instagramでは写真が中心です。Twitter のDMやLINEは、基本的にはテキストが中心です。

一つの企業がすべてのプラットフォームでアカウントを持ち運用することは現実的に難しいでしょう。予算が潤沢であれば別ですが、ほとんどの会社はそうではないでしょう。プラットフォームごとに個別に投稿を最適化して作成、配信、運用することは、かなりのリソースが必要になります。

ここで提案です。UGCにゆだねてしまいませんか？　UGCにゆだねるとは、自社でアカウント運用をして一生懸命情報を発信し伝えていくのではなく、ユーザーのクチコミ投稿を重視する考え方です。前述のとおり、ユーザーは複数のSNSやデジタルプラットフォームを利用していることが当たり前です。10代のユーザーはTikTokやInstagram、Twitterを併用していますし、50～60代の方でもLINEやFacebookを併用しています。

Instagramで知った情報をLINEで友達と共有し「このカフェに一緒に行こう」という会話をしたり、TikTokで知った情報をTwitterでつぶやくこともあるでしょう。Twitterの話題がInstagramに飛び火するなど、特にTwitterを起点として、SNSを超えて拡散していくこともあります。

図表 3–15　UGCにゆだねる

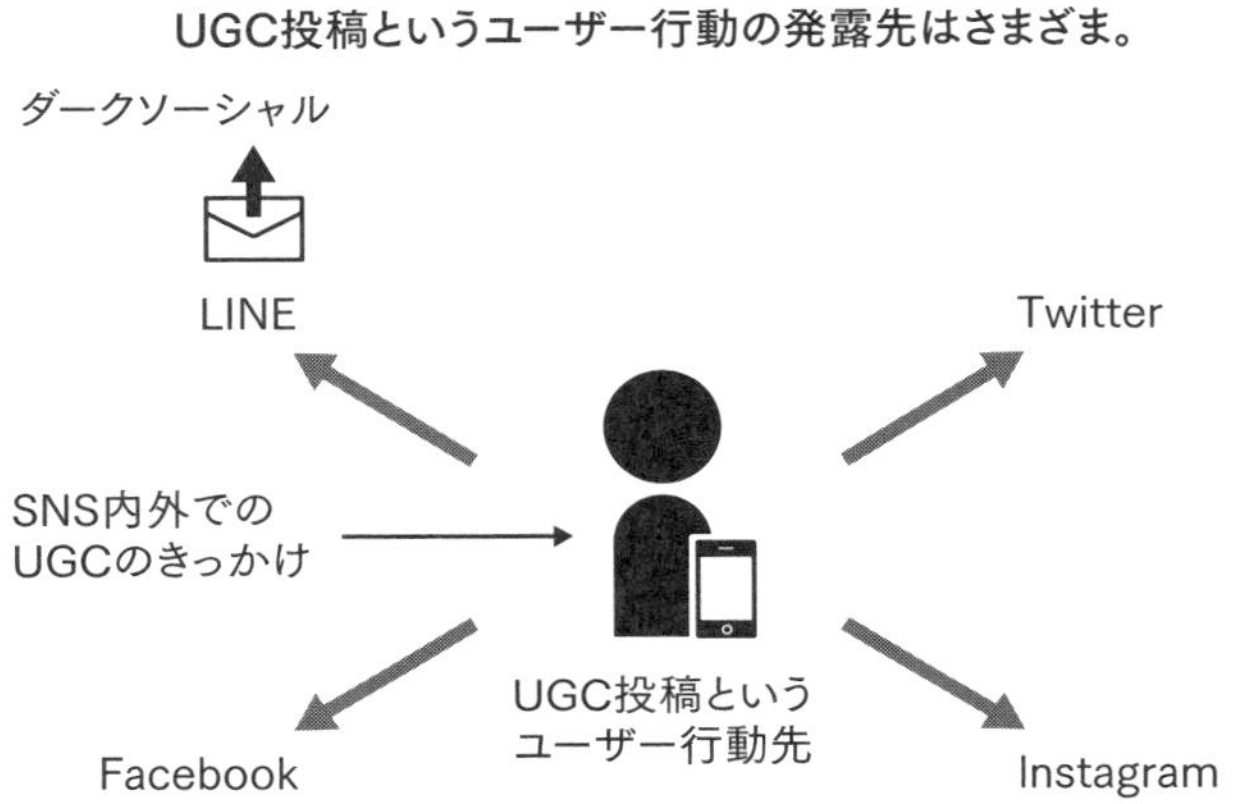

図表 3–16　Twitter起点でクチコミが広がる

他SNSとあわせて利用しているユーザーは一定数いるため、
Twitterを飛び越えて話題の火が広がっていきやすい。

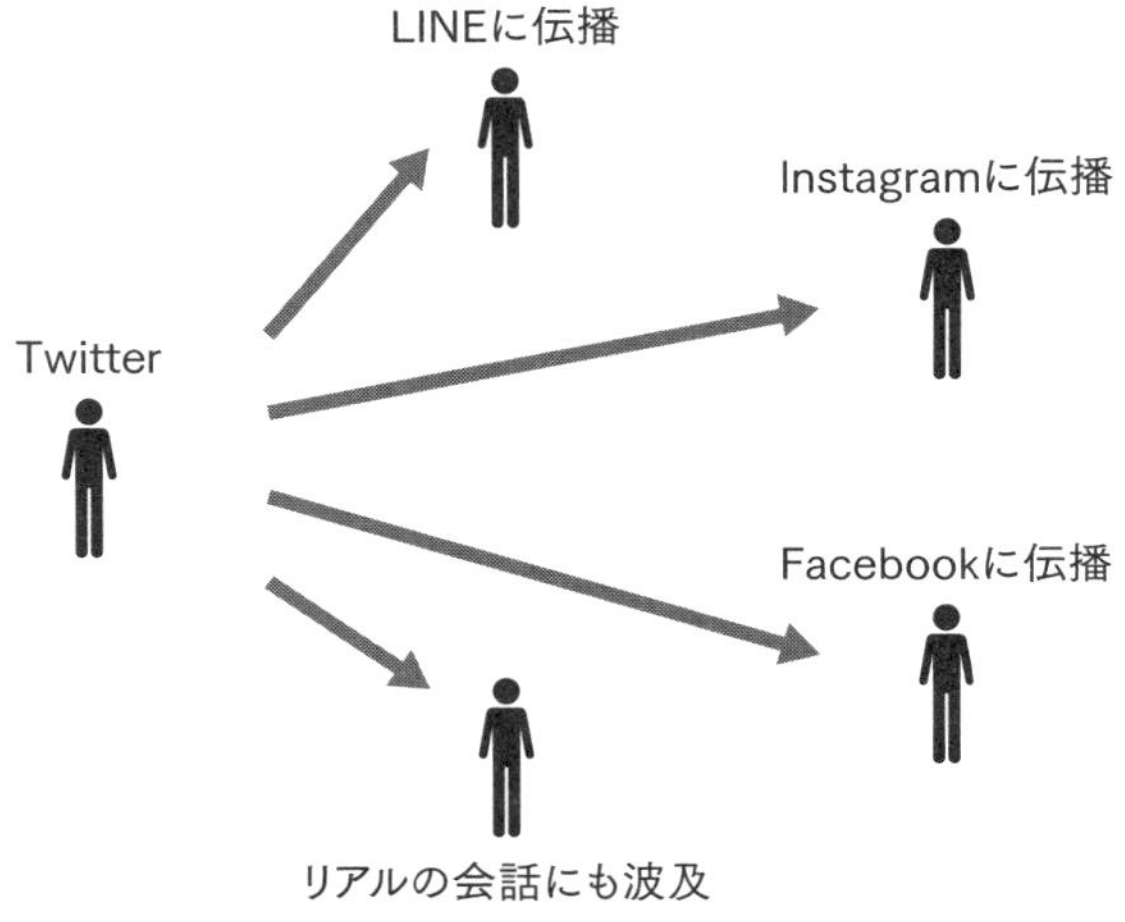

図表3–17　ファネル型とフライホイール型

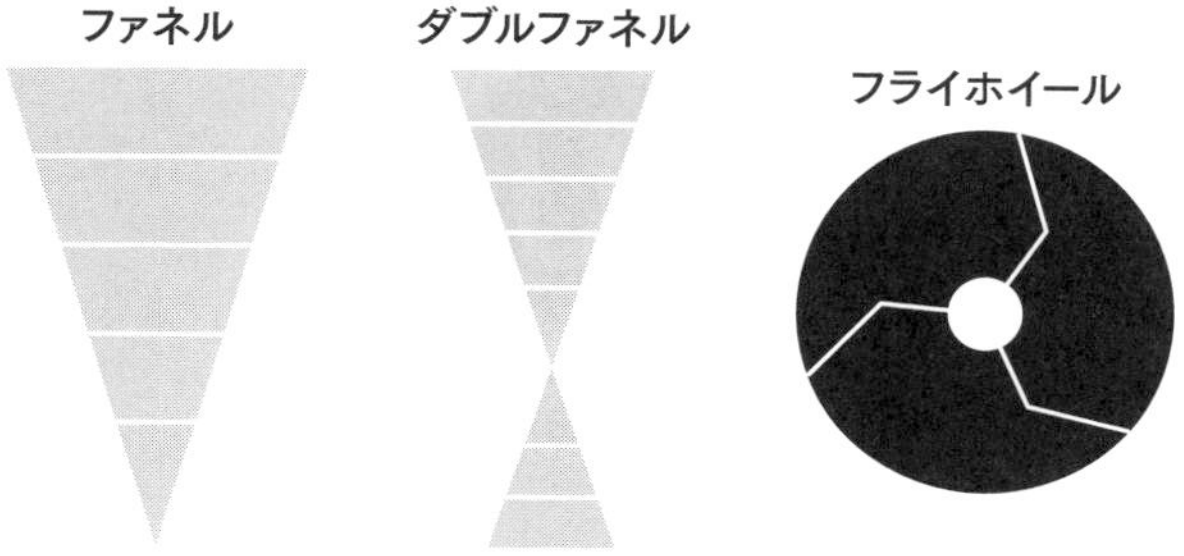

細分化されたコミュニティ・クラスタに情報を浸透させるには、「UGCを生み出し自発的に発信してもらう」アプローチが重要になるのです。

SNS時代のブランド構築ならULSSAS

ブランド構築において、大きな役割を果たすのが「**ULSSAS**《ウルサス》」という概念です。ULSSASとは、ホットリンクが提唱するSNS時代の新・購買行動モデルです。AIDMA《アイドマ》やAISAS《アイサス》という言葉を聞いたことがある方も多いでしょう。これらの概念は、逆三角形のような形をしたセールスファネルと関連付けて用いられます。一方、ULSSASは、フライホイール（はずみ車）の形をしているのが特徴です（図表3－17）。

ULSSASの購買プロセスの特徴は、UGC（クチコミ）が起点となっていることです（図表3－18）。情報爆発時代には、自然発生的なUGCが大きな力を持つと紹介してきました。個人がそれぞれ

図表 3–18　SNS 時代の購買行動プロセス ULSSAS

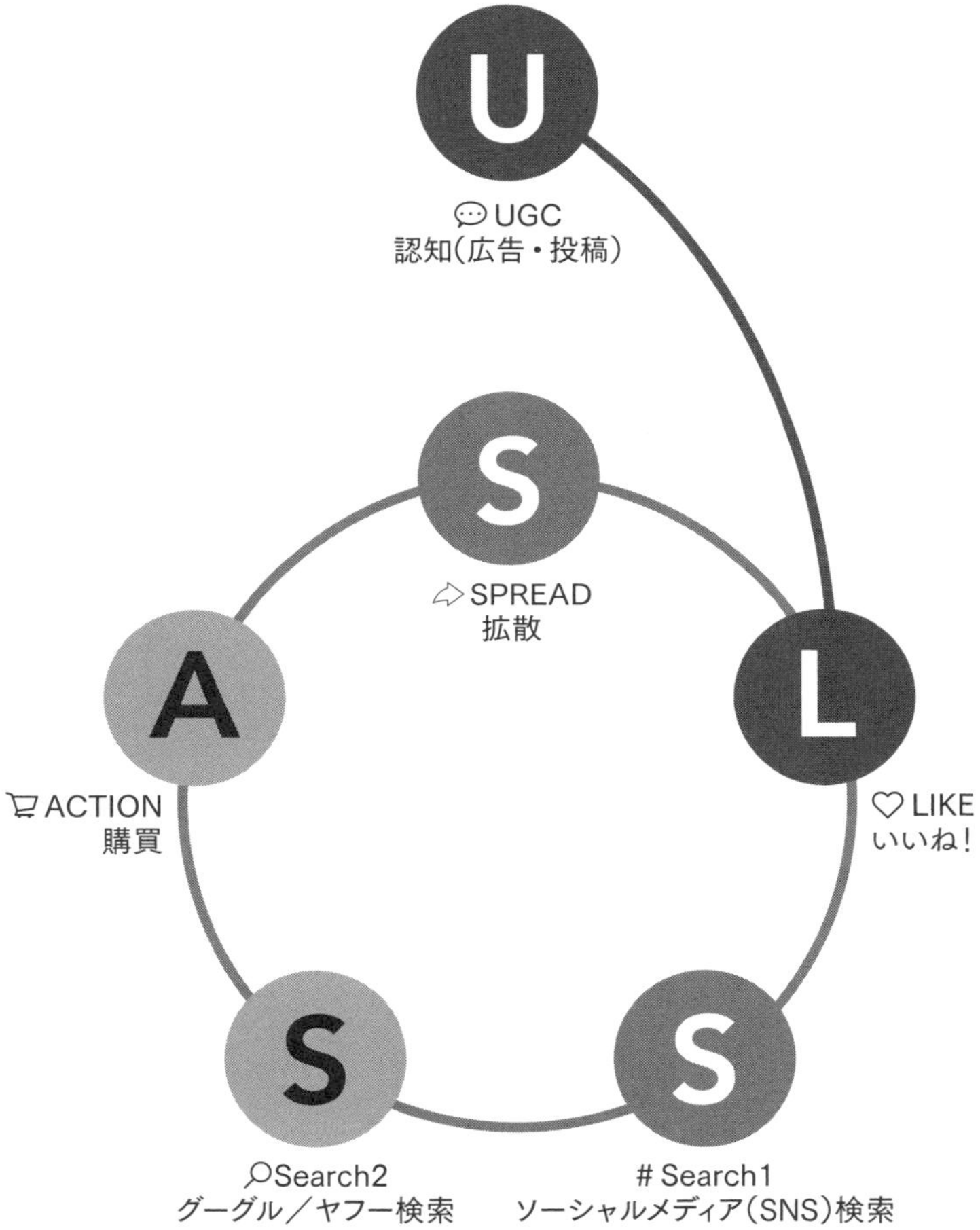

メディアを持っているパーソナルメディアの考え方に基づいています。

UGCの次の段階がLike（いいね！）です。友達のSNS投稿を見た人が共感して「いいね！」や「リツイート」をします。そして、「いいね！」をした人の中には、商品について気になって検索を始める人もいます。

次の**Searchが、ソーシャルメディア（SNS）での検索と、グーグルやヤフーなどの検索エンジンでの検索の2つに分かれていることもポイントです。**SNSを使いこなしている人にとっては当たり前のことですが、SNSで検索するユーザーは増加する一方です。旅行やコスメやイベントなど、商品やサービスの購入前に、個人のリアルの感想や評判を調べることが一般的になってきました。グーグル検索の前に、SNS検索されるようになってきているのです。購買に近い顧客接点としても、SNS検索の重要度が高まっていることがここからわかります。

SNS検索の後、グーグルやヤフーで、さらに詳細な情報を確認します。これがSearch2の段階です。例えるならば、SNS検索はリアルな声を覗く、グーグル検索は先生に質問するといったイメージです。

例えば、友人が投稿した、溢れんばかりのボリュームで美味しそうなウニの画像を見て、「いいね！」をつけたとします。その後はその友達がつけたハッシュタグや位置情報から店名を特定し、予約やクチコミを見るためにようやくグーグルやヤフーで検索をするような行動です。ご自身の行動を振り返っても、同じようなことをしたことがありませんか？

そうして、検索したユーザーのうち何人かが商品を買うと、これがAction（購買）になります。購買した人たちが「この商品がよかった！」とSpread（拡散）すると、さらに新しいUGCが生まれます。このUGCがまた「いいね！」されていくことで、ULSSASのサイクルが自動的に回っていきます。

なお、最後のSは、Share（シェア）ではなくSpread（拡散）です。これは「どうぞ見てくださいね」という情報提供というよりは、最初から拡散されることを求める「承認欲求をのせた投稿」の意味合いが、最近では強くなっているためです。これもまた最近のユーザー行動の特徴です。

［ULSSASの例］
U：UGC（ユーザー投稿コンテンツ）

新商品を発売したところ、ユーザーが写真つきのツイートを投稿する。

L：Like（いいね！）
UGCを見たユーザーが投稿にいいねやリツイートをする。さらにSNSの多くは仕様上、「いいね！」がついてエンゲージメントが高くなると他者へ拡散したり、おすすめにレコメンドされ、より多くの人の目に触れ、興味関心が伝播しやすくなる。

S：Search1（SNS検索）
いいねがついたUGCを見たユーザーが、商品について気になり始める。SNS上で検索をして情報収集する。

S：Search2（グーグル／ヤフー検索）
商品を買える最寄りの店舗を知りたいと思い、検索エンジンで指名検索をする。

A：Action（購買）
店舗に足を運び、商品を購入する。

S：Spread（拡散）
商品の写真を撮り、それを「Twitter上に投稿する。その投稿（UGC）にまた「いいね！」がつき、ULSSASのサイクルが回り始める。

購買行動のフレームワークは他にもありますが、Attentionを起点とするものが多いようです。ここに広告宣伝費を十分に投下できる企業はそれでよいとして、潤沢にマーケティング予算があるわけではない企業は、少ない投資で認知を獲得する必要があります。そういった状況に適しているモデルがULSSASです。

もしこのULSSASの循環を意識的に作ることができれば、投資対効果の高いマーケティング施策となるでしょう。「クチコミは原理的にゼロ円である」ことが大きな理由です。UGCはユーザーが自由に作った投稿で、企業側が「こういう部分をアピールしてください」とお願いしたわけではないため、コンテンツ制作費や広告費はかからないのです。

このゼロ円であるUGCを、たくさん増やしていく。それによって新しいお客様に、自社ブランド・自社商品の宣伝を担っていただける。どんどんクチコミをし、どんどん宣伝してくれる。

その構造を指すのが、ULSSASという購買行動プロセスの概念です。

株式会社Paidy Head of Marketing の海宝晃子さんはULSSASについて知った当初についてこう語ります。

> SNS活用で「迷える子羊」状態だったとき、ULSSASの話を聞いて「これだー!」となったのを今でも覚えています。
> UGCを起点として購買が発生し、さらにUGCが生まれる。このサイクルが自走するULSSASというフレームを知って、マーケティング施策全体の中におけるSNSの役割や、それを測るためのKPI、KPIとKGI(Key Goal Indicator:重要目標達成指標)とのコネクションが、初めてきれいに見えたんです。
> 前職のジョンソンヴィル(ソーセージブランド)のケースでいえばUGCを起点とした双方向のコミュニケーションを取ってきたことが、約7万人のフォロワーをベースとしたコミュニティ形成につながったのだと思います。ユーザーさんの中でブランドが語られている文脈を学んで、それをまたブランドの戦略や施策に反映させる、そしてそれへのリアクションを確認する、といったことをしてきました。

人は本来、良いものがあったら人に伝えたいはずなんですよ。「これすごく良かったよ」「めちゃくちゃ楽しかったよ」って。しかし、それが商業ベースに乗っていると、すごく嫌がられてしまう。UGCを活かしたSNSマーケティングをするならば、「自社の広告活動に加担したい人はいない」という真実と、企業は向き合うべきです。

3-3 ULSSASがもたらすインパクト

ULSSASは、どんなインパクトをもたらすのか

ULSSASが回ることを意識したマーケティング体制を築くと、どんなビジネスメリットがもたらされるのでしょうか。

UGCがたくさん生まれるということは、たくさんのユーザー投稿が発信されるということなので、Attention（認知）への貢献。SNSで情報がたくさん拡散し、いわゆる「バズる」状態になれば「SNSでバズっている」というニュースバリューが生まれ、Webニュースなどに取り上げられるようになります。

「SNSで話題」というのはメディア側としても「ページビューを稼ぎやすい」という認識をされるわけです。つまり、SNSからPRにつながります。

UGCが多数生まれると、はずみ車のように他のユーザー投稿も生まれやすい状況になります。こうした状況になれば、企業側が一生懸命投稿を作成する必要はなくなります。結果、コンテン

図表3–19 ULSSASを回すことで得られるメリット

1	情報が拡散される	Attentionに寄与
2	クチコミ数が増える	
3	Webニュースに取り上げられる	
4	UGCが発生する	ユーザー投稿という信頼度が高いコンテンツを量産できる（行動転換しやすい）
5	広告を活用しなくてもターゲットに情報を届けられる	

▼

コンバージョンや売上につながる、ROIを改善できる

ツ制作費を抑えられ、広告費をかけ続けなくてもよくなります。

企業でSNS活用を進める上で、費用対効果に見合うのかと懸念される人も多いでしょう。UGCが増えたからといって、実際に購買数が増えたか、売上に直結しているか、といったことはわかりにくいでしょう。

ホットリンクの調査では、**UGC数と売上に相関関係がある**ことは、データからもわかっています。UGCが大量に生まれることは、データから見ても売上貢献につながっています。クチコミがブランド名の検索数に影響を与えるという考え方は、まだまだ浸透していないでしょう。

なお、テレビ露出などクチコミと検索行動の両方に影響する場合があるので、データの波形の違いを見極める必要がある点は留意してください。

図表3-20　UGCと売上の相関

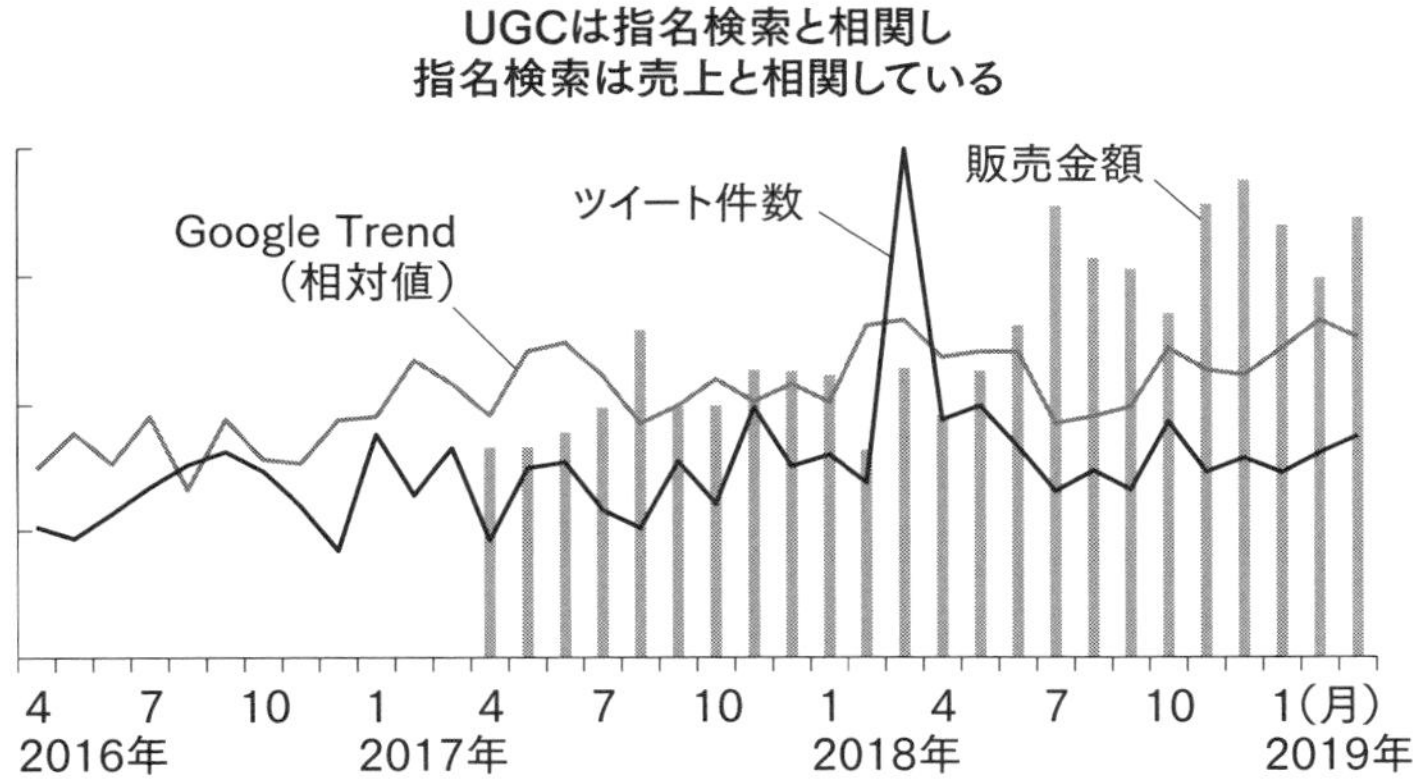

あるヘアケアメーカーの事例を紹介します（図表3-20）。UGC数が伸びると、指名検索数が増えていきます。指名検索とは「ブランド名での検索」のことです。

SNSで友人が本を紹介しているのを見て、気になってその後に書籍名で検索したことはありませんか？　それが指名検索です。そして指名検索が増えると、売上が伸びます。

指名検索は一般検索に比べ10倍以上CVR（購入率）が高いとされています。ヤフー株式会社の調査[11]でも、ヤフーの検索データでは、「指名キーワード」で検索し始めたユーザー群のCVRは、「一般キーワード」

11　1番目の指名検索「指名キーワード起点」が新たなブランディング指標に（Yahoo! マーケティングソリューション　公開日：2021年10月7日）
https://marketing.yahoo.co.jp/blog/post/2021100730187128.html

で検索を始めたユーザー群に比べ、12倍も高い結果となったそうです。

図表3－20の黒い折れ線グラフがUGC数です。グレーの折れ線グラフがブランドの指名検索数です。棒グラフは販売金額を示しています。

このように「UGCと指名検索数」「指名検索数と売上」に相関関係があることがわかります。

ホットリンクは過去にさまざまな商品カテゴリーの分析を行い、多くのカテゴリーにおいて同様の相関関係が見られました。

これは、UGCの「信頼性が高く、購入意欲・態度変容につながりやすい」という特性によるものです。興味を持って検索し、検索するからこそ「店舗に行く」「ECで購入する」という行動が生まれていきます。つまり、SNSマーケティングの鍵はUGCです。

したがって、SNSで商品の認知や興味・関心が高まり、指名検索数が増えれば、CVRが高い流入を増やし、売上・購買につながっていくのです。ULSSASが回りだせば、UGCが生まれ、指名検索が増え、売上がアップするという構図になるのです。

だからこそ、「自社アカウントによる投稿がバズるか」よりも「いかにUGCがバズるか」がより重要なのです。

SNSで成果を出しづらい人の考え方

SNSを使ったマーケティングをどう評価していいのか、悩む方も多いでしょう。よくある間違いが「**直接購買だけをSNSの貢献として評価する**」ケースです。SNS経由でサイト流入し、そのまま直接購買につながったかどうかだけでSNS施策の良し悪しを評価してしまいがちです。そして、このSNS施策にかけたコストからCPA[12]を算出して他施策との良し悪しを比べていることでしょう。このような評価方法では、「リスティング広告と比べてCPAが高すぎて費用対効果が悪いからSNS施策はやめよう」という安易な意思決定にもつながりかねません。

なぜ間違いなのか、順に説明していきます。例えば、ECサイトの売上アップのための因数分解を行うとすると、このようなモデルが考えられるでしょう。

12 **CPA** Cost Per Action の略。広告効果を測定する指標のひとつで、1件のCV（コンバージョン）を得るためにかかったコストを表す。CVとは資料請求や商品購入、会員登録など、マーケティングにおける成果地点を表し、CPAはCost（広告費）÷CVで導き出すことができる。

- EC売上＝客数×客単価
- 客数＝新規客＋既存客
- 新規客＝サイト流入数×CVR
- サイト流入数＝SEO経由流入＋広告経由流入＋SNS経由流入……etc.

ここからKPIを考えると、「売上を増やすには新規のサイト流入数を増やす必要がある」という考えから「SNS経由の流入数を増やす」という結論に至る人も多いでしょう。

- 自社アカウントの投稿がどれだけインプレッション（表示）したか
- 自社アカウントの投稿がどれだけ保存されたか
- 自社アカウントのフォロワーがどれだけ増えたか
- 自社アカウントからWebサイトにどれだけ誘導できたか

といったような「自社アカウントから発信した情報がどれだけ届いたか」という1対nの発想で考えられることがほとんどではないでしょうか。

もちろんこういった指標が大事な要素であることは間違いありません。しかし、真髄はN対nの情報伝播でした。

デジタルマーケティングでは、いろいろな指標が見えやすくなっています。リスティング広告やSEO、メールマガジンなど、直近でサイトに訪問した経路（ラストクリック）は、調べれば確認できるようになっています。ただ、SNSはラストクリックだけですべてを評価できるものではありません。

よくある思い込みは、このような経路です。

> 顧客が「Twitter」の企業アカウントの投稿を見る→投稿内のリンクをクリック→ECサイトで商品ページに飛ぶ→買い物かごに入れて購入

仕事でSNSに触れていると、生活者がこのような行動パターンで購入するケースが多いと勘違いしがちです。

いったん立ち止まって、「自分はそんなふうに買い物をするだろうか」と考えてみてください。実際にはこういうケースもあるはずです。

知人があるブランドのスニーカーの新作発売情報をシェアしていたのを見た（認知する）→その投稿をリンククリックして、どういうサイズ展開・カラー展開があるかECサイトでじっくり商品ページを見る→サイズ感を確かめたいので、その場では購入せずに後日に実店舗に行く→実店舗で試着をする→その場では決断できず、購入を見送る→それでも気になり続けていて、Instagramで再びその商品投稿や着こなし術などの投稿を見て、ようやく買う決心をする→グーグルでブランド名で指名検索する→ECサイトで購入する

このような購買行動が考えられないでしょうか。購買経路は複雑化しています。また、この場合は購入の直前ではグーグル上でブランド名での指名検索が起きています。もしラストクリックだけで評価していると、SEO経由でのコンバージョンであり、ブランド名検索でECサイトが上位表示できているSEO施策の成果だと思ってしまいがちです。仮に指名検索後にリスティング広告をクリックしていたとしたら、「この購買活動はリスティング広告のおかげだろう」とも思いがちですが、実際には顧客は最初にSNSで関心を持ったからこそ検索行動が生まれ、最終的な購買までつながっているわけです。

繰り返しになりますが、SNSによる成果は、ラストクリックの数字だけでは正しく評価でき

ません。筆者はこれを「**ラストクリック偏重**」の考え方と呼んでいます。

サッカーに例えれば、シュートを決めた人の前には絶妙なパスを送った選手、もっとさかのぼれば敵チームからボールを奪い取ってカウンターにつなげた選手がいるわけです。そのような選手も評価しますよね？

SEOやリスティング広告の評価においては、ラストクリックを重視するのは一般的なKPI設定の考え方でしょう。しかし単チャネルごとのCPAで評価する部分最適の発想をSNSに適用すると、実際の顧客の検索・購買行動を無視して、正しく成果の評価ができなくなる可能性があります。顧客が実際にどのチャネルやタッチポイントから自社商品・サービスに接しているのか、全体的な視点から俯瞰して見ることが重要といえます。

SNSによるブランディング効果は、リスティング広告やSEOなどと同じ目線で見るべきではないのです。デジタルマーケティングはこれらの施策やSEOなどの手法から普及していったため、CPAやラストクリックといった指標で評価しがちです。それ以外にも、ブランドリフトの成果（例えば、認知度、指名検索数、購入意向など）も見ていくのがよいでしょう。

もっとも、ラストクリック以外の成果は見えづらい部分もあります。そういった場合に使える簡易な指標が、指名検索数[13]です。グーグル内の指名検索数であれば、グーグルトレンドや、グーグルサーチコンソールというツールで確認可能です。

「SNSで認知したからこそ、気になって検索する」という行動が生まれています。より厳密にSNSの貢献を見る上では、アンケートベースのブランドリフト調査なども活用しましょう。「この投稿を見たから興味を覚えた」など、投稿を見た人・見ていない人を分けていけば厳密に評価することができます。

「Twitter の新機能でツイートごとの表示回数が可視化されるようになりましたが、「投稿を見た人・見ていない人」を区別するには、調査会社に依頼してモニター選定などの作業が必要になります。

このように、SNS経由の直接購買のケースがすべてではないのに、ラストクリックだけですべての施策を評価してしまうことが多々あります。これについては第4章でも紹介します。

経営者の方、マーケティング責任者、部門長の方は今一度「ラストクリック偏重の評価の仕方になっていないか？」とチェックが必要です。

3-4 ULSSASの構築方法

ULSSASが回る状況を作るには

ULSSASが回る状況を作るには、UGCを増やすことに尽きます。企業がすべきは、起点となるUGCを生み出すことと、効果的に広げることです。

さらに言えば、まず多くのUGCが出るように「シェアされる経営」を心がけることが大事です。これを言い換えれば、SNSを利用している国内9000万人ものパーソナルメディアにどう取り上げてもらうか、どう広げてもらうかを考えることでもあります。

SNS上で仕掛ける以外にも、UGCが生まれやすくなるようにパッケージの工夫を行ったりすることもあります。いかにクチコミが発生しやすいパッケージデザインか、ショップの対応か、配送か、店舗デザインかなどあるでしょう。

13 **指名検索数** 検索エンジン上で、ブランド名や商品名、サービス名などの固有名詞を入力して行なう検索行動の回数を指す。

SNS上での仕掛けであれば、「Twitter であればユーザーに「あなたはどれが当てはまる?」とコメントを促すビンゴ企画、ボタンを押すだけで簡単にハッシュタグ投稿を促せるカンバセーショナルボタンを用いた投稿、ハッシュタグにてお題を提示して投稿を呼びかけるハッシュタグキャンペーンなどの戦術があります。他にも Howto 投稿、モーメントやトレンドに乗った投稿を行なうなど、さまざまな手法が考えられます。

Howto 投稿とは、例えば化粧品であれば「アイシャドウの使い方」「ネイルの塗り方」といった投稿です。こうした Howto を投稿することで、「私も使った」「こういうふうに使ってる」といったUGCの呼び水となることが期待できます。

モーメントやトレンドに乗った投稿とは、化粧品ならコロナ禍ではカラーマスク系の投稿をするなどです。トレンドに乗るということは、その時々で興味関心が高いテーマであるため、語りやすいテーマといえます。ホットリンクでもソーシャルリスニングツールを使い、単語の時系列別のクチコミ推移などを分析しています。

他にも分析ツールを使って「頻出関連語」を用いたり、トレンドワードを探ってそこに準じた投稿を作るなど、UGCの呼び水となるキャンペーンを打つことはよく行っています。自然発生的なUGCが難しければ、ハッシュタグを使った大喜利なども有効です。また、「ガチレビュー企画」や「インフルエンサー投稿の第三者配信」などの広告アプローチがあります。UGCを生み出す方法は豊富にあり、詳細は第4章でも紹介します。

とはいえ、良いクチコミを生み出す大前提は「良い商品・サービスであること」です。例えば飲食店であれば「おいしい」というUGCが最も購買意欲を刺激しますし、アパレルなら「カッコいい」「かわいい」、エンターテインメントなら「楽しい」「面白い」といったクチコミです。「欲しい気持ち」を高めるのであれば、小手先のキャンペーンを打つ前にまずは良い商品・サービスをそろえ、中身に対するクチコミを増やすことが大事です。

三枚おろし

ULSSASを回すには、商品カテゴリーにおいて戦略を分けることが重要です。ホットリンクが「三枚おろし」と呼んでいるフレームワークを紹介します。

魚の「三枚おろし」と同じような理屈で、ビジネスを3種類に分類し、SNSやUGCを活用したマーケティングが向いているかどうかを判断できるものです。ユーザー行動と商材特性を起点に分類し、仮説を立て、KGIを決め、そこからはじめて具体的な施策を考えていきます。こ

図表 3-21　三枚おろしフレームワーク

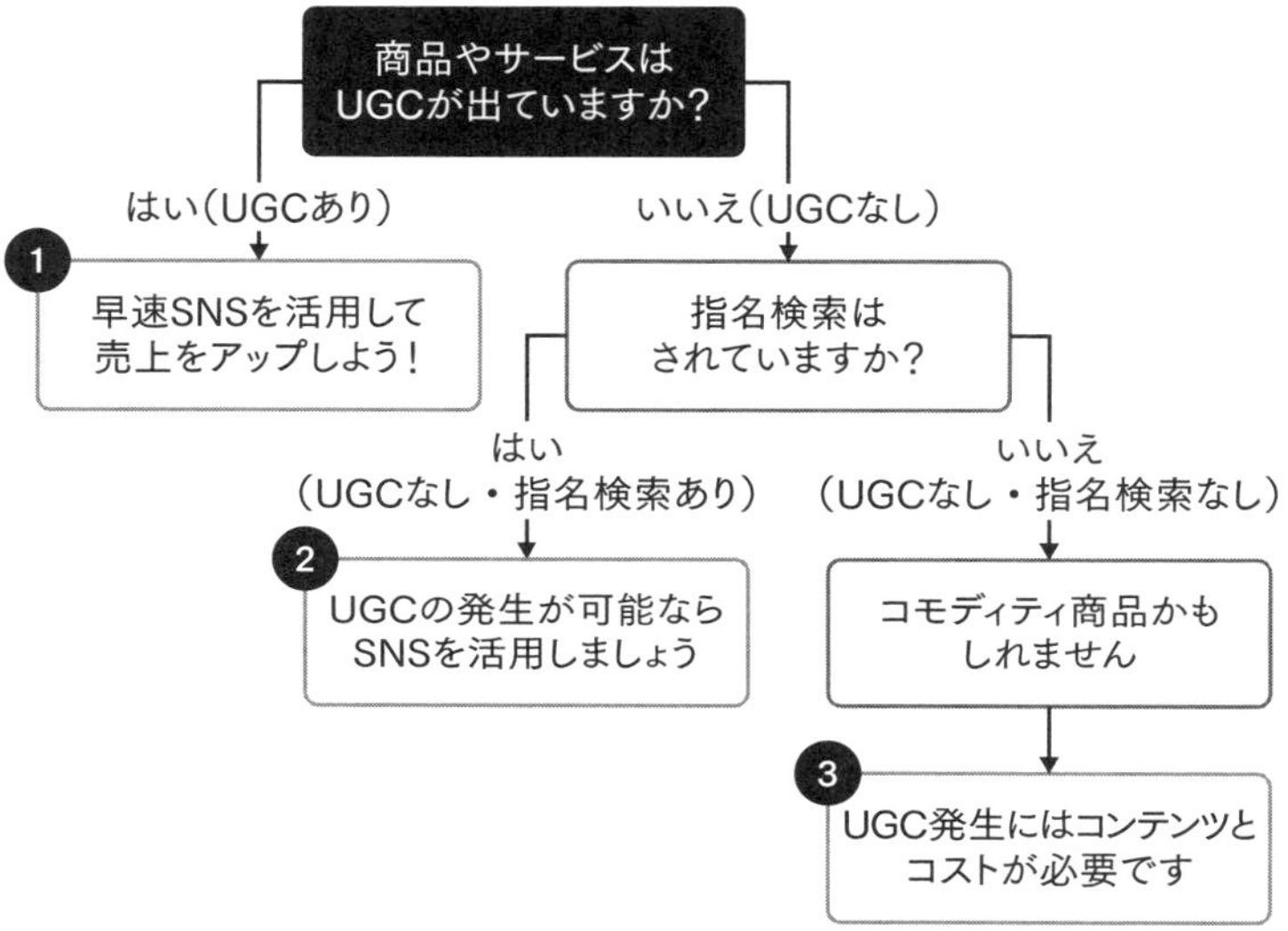

のフレームワークで整理すると、「UGCがある／ない」「指名検索がある／ない」で、ULSSASを回す手法の切り分けができます。

まず、「SNS上でUGCが自然と出ているか」という観点から1次切り分けを行います。そしてUGCが出ていないブランドについては、「商品やサービス名での検索数」があるかどうか」という観点から2次切り分けを行います。そうすると、以下の3タイプに分類することができます。

①すでにUGCが発生している（かつ指名検索もある）
②UGCは発生していないが、指名検索はある
③UGCも指名検索もない

なぜ起点がUGCかというと、UGCがすでに出ているということは明らかにユーザー行動が起こっているということだからです。すでに出ているUGCをSNSマーケティングの施策で増やせばいいだけという話です。

三枚おろしを行った上で、タイプごとにどのような施策を取るべきでしょうか。

①すでにUGCが発生している（かつ指名検索もある）

SNS上で企業名やブランド名・商品名などを検索し、すでにUGCが出ていれば、クチコミというユーザー行動が起きやすいブランドだといえます。この場合は、今出ているUGCをさらに増やす取り組みを進めましょう。UGCがガンガン出ているケースなら、SNSを活用して売上アップすることが期待できます。

②UGCは発生していないが、指名検索はある

この場合は、まずはUGCが発生する、シェアされやすいSNS活用を心がけて取り組みます。シェアされるSNS活用のコツにはいくつかありますが、その一つに「ユーザーが真似しやすい投稿」があります。「このように撮ってね」という思いを込めて、あたかもサンプル画像を提供するような投稿をすることもあります。画像なら撮り方の見本を示し、テキストであれば投稿フォ

りますます。

ーマットを提示してあげることで、ユーザーが真似をしやすくなり、UGCが発生しやすくなります。

さらにエゴサーチして素敵なUGCをアップしてくれているツイートをリツイートすることも重要です。ほとんどのユーザーはフォロワー100人未満なので、いいね！が3つもつけば御の字なのに、公式アカウントにリツイートされて、いいね！が100にもなるので大喜びです。それを繰り返すと徐々に「私もリツイートして」というメッセージを込めた「#ブランド名」のハッシュタグ投稿が増えてきます。

③UGCも指名検索も出ていない

この場合、商品やサービスがコモディティ（汎用品）化してしまっていて検索という行動に移らないことが多いでしょう。例えば「カップラーメンなう」といった投稿をしたことはあるでしょうか？　最近、ロングセラーのカップラーメンの商品名で検索したことがあるでしょうか？　カップラーメンであれば購買数はとても多いでしょうが、検索という行動は取っていないはずです。欲しければコンビニやスーパーに行くためです。多くのコモディティ商材はこのタイプに分類されます。よほど個性的な商品でない限り、カップラーメンやおにぎりに関するUGCは生まれにくいです。

このように、コモディティ化した商品から、自然発生的なUGCを期待することはなかなか難しいです。そのような場合は、コンテンツを作成してユーザー行動を意図的に醸成することが必要になります。コンテンツ作りには大きなコストがかかることが多いため、他の広告施策とROIを比較し、検討する必要があります。

三枚おろしのフレームワークを活用することで、ULSSASを回すために必要なコストも把握しやすくなります。大まかなイメージですが、①においてUGCを生み出すコストが100万円だとすると、②ならばその3倍の300万円、③の場合では①の10倍の1000万円ほどが投資として必要だと捉えていただければと思います。自社の商品カテゴリーはUGC・ULSSASの活用が難しそうということであれば、すっぱりと諦めて「ULSSASを回す投資はしない」という戦略になることもあるでしょう。

「UGCが生まれやすい／にくい」はどう判断する？

UGCの生まれやすさを見極めるには、エゴサーチをすることをおすすめします。エゴサーチして自社ブランドのUGCが出ていない場合、「生まれにくい」可能性があります。商品カテゴリーにおいても、例えばアイロンメーカーであれば自社製品名以外にも「アイロン」という商品カテゴリーで検索してみるとよいでしょう。その結果、ちゃんとUGCが生まれているなら「この商品カテゴリーではUGCが生まれる」と判断できます。

また、ソーシャルリスニングツール等を用いて計測してから判断するのがベターですが、一般論としてUGCが出やすい／出にくい商品を紹介します。

[UGCが出やすい商品]

- 人に推奨しやすい商品（スナック菓子、音楽、映画、本など）
- 自己表現として投稿されやすい商品（アパレル、コスメなど、いわゆる「映え」のもの）
- モノとして物理上で存在する（商品がモノとして存在していれば、写真や動画にできるため、SNSにアップしてもらえる機会も得やすい）

[UGCが出にくい商品]

端的にいうと「会話に出る理由がない」「会話に出る機会が極端に少ない」ものです。

- 低関与商材の中でも、情緒的価値が薄い（ゴミ袋、乾電池のような、日常で当たり前になり過ぎていて会話に出にくい）
- コンプレックス商材（人様に言うには憚《はばか》られるから。推奨すること自体が失礼に当たったり、誰にも知られずにこっそりと利用したいもの、自身がそのような症状だと開示しにくいものは、UGCが生まれにくいです。この場合はUGCによるアテンション獲得は難しいため、レビューの形式としてUGCを活用するのが良いでしょう。）
- 高価で購入個数が極端に少ない商材（例えばキャンピングカーのような、手に取る人が少ない商品の場合は、UGCが作られる数も少ないでしょう。極論を言えば、世の中にたった一つしかないものは、それを保有しているたった一人くらいからしかUGCは生まれないからです）

商品・サービスの特性によってはこれらに当てはまらないこともあります。ソーシャルリスニングツールで確認したデータに基づいて、マーケティング施策に活かしてください。ソーシャルリスニングによって、どのような文脈・動機・理由でUGCが出ているのかを分析することで、UGCを増幅できる突破口が見えるかもしれません。

3-5 UGC生成で売上増につながった事例

事例：ソーセージメーカーの「買う理由」作り

1945年に創業されたアメリカの老舗ソーセージブランド「ジョンソンヴィル」の事例をご紹介します。UGC数が1年で9倍になり、売上も伸長しました。

ジョンソンヴィルは、一般的なソーセージに比べると高価格帯の商品で、パッケージも海外色が強いため、「日本国内でいかに認知を獲得し、気軽に購入してもらえるか」という課題を抱えていました。そこで、質の高い認知の獲得と、認知から購入につなげるための「自分ごと化」の促進を目的に、2019年8月より本格的にSNSマーケティングに取り組みました。

ジョンソンヴィルではSNSを、自社アカウントからユーザーへ一方向に発信するオウンドメディアや、広告を掲載するペイドメディアに留まらず、ユーザーが自らクチコミを投稿し、ユーザー同士でジョンソンヴィルを話題にするアーンドメディアとしても活用する方針としました。

「自社アカウントがバズるだけではなく、いかにUGCがバズるか、いかにUGCが増えるか」と

いう観点からさまざまな施策を行ったのです。

ユーザーによるクチコミ（UGC）には、「自分ごと化しやすい」「態度変容を促しやすい」という強みがあります。そこで、「自分ごと化」の促進を可視化する指標として、UGC数をKPIとして設定しました。次のようにSNSの活用方針・方向性を掲げました。

［SNS活用方針］
- アカウント基盤を構築[14]し、アテンションを強化する
- UGCの創出と増加

［施策の方向性］（一部）
- 質の高いフォロワーを集める
- エンゲージメント率[15]を高めるオーガニック投稿

14 **アカウント基盤の構築**　UGC発生の起点となる良質なフォロワーを、SNS広告などを活用して集めること。
15 **エンゲージメント率**　ツイートが表示されたユーザーのうち、いいね！やリツイート（RT）などの反応を示したユーザーの割合を示す値。

・参加型のコンテンツ企画
・UGCを生み出すアカウント運用

「質が高いフォロワー」（次のようなユーザーとして定義）
・UGCを出しやすい
・購入につながりやすい
・よく言及してくれる
・好意的な引用リツイートやリプライをくれるなど

［実際に行った施策］
(1)エンゲージメント率を高めるオーガニック投稿
公式アカウントが「きれいすぎる画像」を投稿すると宣伝色が出てしまうため、宣伝色のない、ユーザーの目線に立った画像を投稿。季節トレンドに乗った投稿や、カンバセーショナルカード（現在はカンバセーションボタン）などを利用した参加型のコンテンツも企画し、フォロワーからのエンゲージメントを高める工夫を行いました。

図表 3–22 UGC の創出プロセス

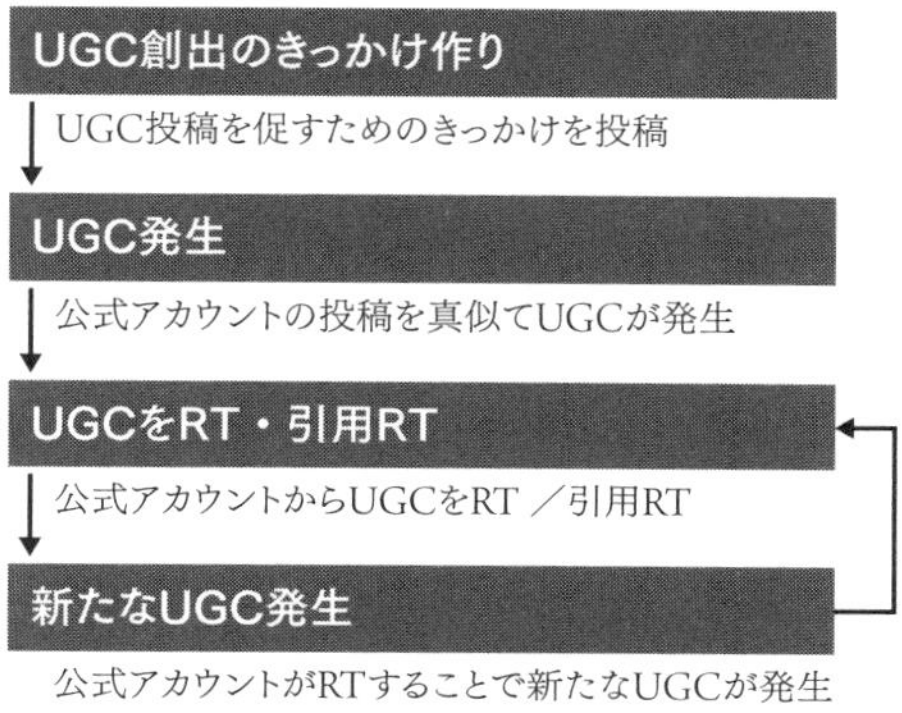
UGC創出のきっかけ作り
UGC投稿を促すためのきっかけを投稿
UGC発生
公式アカウントの投稿を真似てUGCが発生
UGCをRT・引用RT
公式アカウントからUGCをRT ／引用RT
新たなUGC発生
公式アカウントがRTすることで新たなUGCが発生

(2) UGCを生み出すアカウント運用

Twitter の運用では、「UGCの創出」を目的としたUGCのリツイートにも力を入れました。UGCの創出について改めて整理すると、図表3－22のようなプロセスです。

公式アカウントがUGCをリツイートすることで、拡声器のような役割を果たし、より多くのTwitter ユーザーの目に触れます。それを目にした別のユーザーから新たなUGCが発生し、それをさらにリツイートする形で盛り上げていきました。

公式アカウントのフォロワー数はUGCを出した一般人とは一桁も二桁も違います。また、フォロワーの量の多さもそうですし、ブランドに関心のあるユーザーをきちんとフォロワーとして集めておくことで、リツイートした投稿への反響数も変わるでしょう。

このような公式アカウントに引用リツイートされることで、UGCがバズり、きっとスマホからの通知が止まらない状況になります。そういう状況になれば、次回もその次もUGCを出してくれる可能性があります。それを見た周囲の方も「この商品について投稿すれば、自分もバズれるかもしれない」「自分のツイートも拾ってほしい」と考えてくれるわけです。

人間が持つ承認欲求をちょっとくすぐる、新しいUGCを生み出す動機が形成される。UGCを引用リツイートすることには、そういった効果が見込めます。

UGCをリツイートする際も(1)と同様に、SNS活用の目的に立ち返り、「自分ごと化」を促す生活感のある画像もピックアップしました。素朴で身近な印象を受ける投稿はUGCならではの魅力であり、より多くの人の心に届きやすいという強みがあります。

また、ブランディングにおける「カテゴリーエントリーポイント（CEP）」を意識した施策を行いました。これは、「**ジョンソンヴィルを買う理由を増やす**」ための施策です。例えば「ガッツリご飯でジョンソンヴィル」「気分を上げたい土日のランチにジョンソンヴィル」「バーベキューならジョンソンヴィル」といった投稿を行い、いろいろな方にとっての「買う理由」を増やしていきました。

図表 3-23　カテゴリーエントリーポイントを広げる

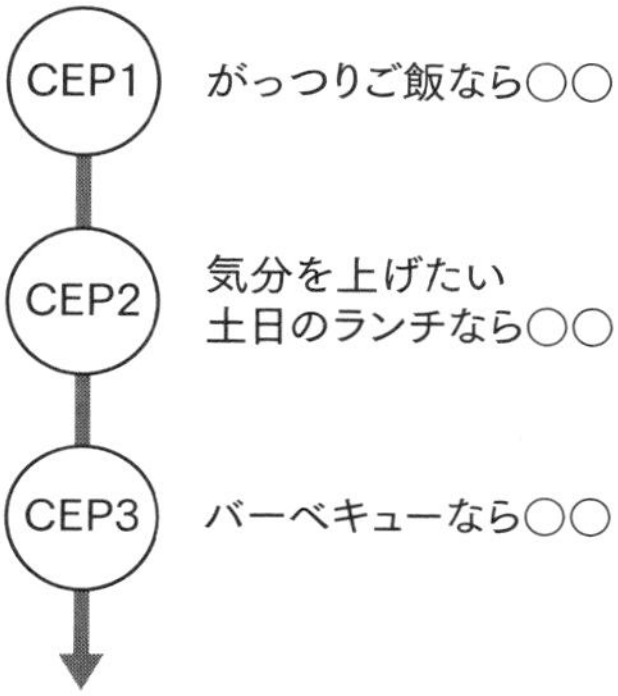

同時に、こういった買う理由に関連したＵＧＣを積極的にリツイートするなど、ＣＥＰを広げるようなマーケティングコミュニケーションを設定する工夫を行いました。

特定のシーンをイメージさせる訴求も実施することで、ジョンソンヴィルを知らなくても、それぞれの関心ベースでＵＧＣが発生し、結果としてジョンソンヴィルに関するＵＧＣが増えていきます。ユーザーから発生するＵＧＣもバリエーション豊かになり、投稿されるＵＧＣの質が向上しました。

また、インフルエンサーのリロ氏による動画付きのＵＧＣを引用リツイートしたところ、目にしたユーザーがそれを真似た投稿を次々と自発的に行ない、ホットサンドメーカーでジョンソンヴィルを焼くというＵＧＣも投稿されるようになりました。

「ＳＮＳの活用方針」に基づいた運用を続けた結果、ＫＰＩ

図表3–24　SNS活用前後の比較

指標	2019年5月	2020年5月	
フォロワー数	400フォロワー	48,202フォロワー	
UGC数／月（RT含）	440件	6,590件	約15倍
UGC数／月（テキストのみ）	280件	2,465件	約9倍
UGC数／月（画像付きのみ）	10件	1,051件	約105倍

として設定していたUGC数は約9倍に増加。Twitterで「ジョンソンヴィル」と検索すると、大量にUGCが出ていることが確認できます。売上に関しても大きな成果が得られました。

もともと、ジョンソンヴィルは週末に売上が伸びやすい傾向にありました。SNS活用に本格的に取り組んでからは、平日にクチコミ数が増えると、比例してその週末のPOSも上がるようになりました。

図表3－25は、ある時期の販売金額（売上）と言及数・UGC数の関係を日別で表したグラフで、四角で囲んだ箇所が週末の売上です。

平日の言及数が多いと週末の売上も上昇していることがわかります。質の高い認知と自分ごと化を促進できたことで、売上にも好影響を与えました。

単一商品系、単一ブランド系のビジネスであれば、ユーザーを増やすにはいかにCEPを広げていくか、そのためのSNS

図表 3-25　ある時期の販売金額とクチコミ数をあわせたデイリーのグラフ

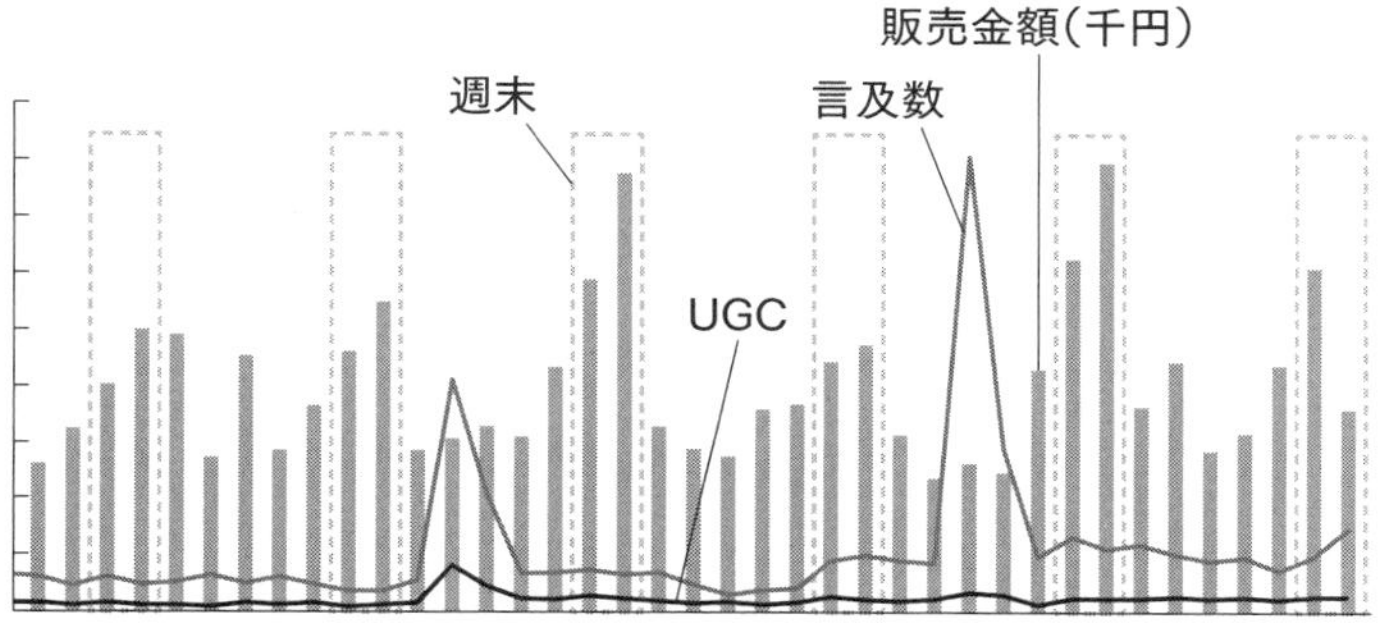

活用が重要になります。

「いかにフォロワーを集めるか」「いかに投稿のエンゲージメント数を増やしていくか」をKPIに置くのは、必ずしも適切ではないということです。

確かに見た目上は良いのですが、売上アップにつながるマーケティングコミュニケーションの設計になっていないためです。

ULSSASを効果的に回す方法は、「質の高いフォロワーを獲得する」「集めたフォロワーに対し、UGCの呼び水となる投稿をしていく」ということです。

繰り返しになりますが、重要なのは**「自分がバズるか」ではなく「いかにUGCがバズるか」**という視点です。**1対nだけではなくN対n**の情報伝播構造を強固にすることです。

ULSSASを効果的に回す重要性、インパクトをさまざまなデータ・ファクト、そして事例から説明してきました。

UGCを主体としたSNSマーケティングにおいては、「いかにUGCがバズるか」という視点で戦略を組み立てていくことが重要です。

第3章のまとめ

メディア環境の劇的な変化は、追い風になることもあれば向かい風になることもあります。SNS時代に人々はどのようにして商品と出会い、モノを買っているのでしょうか。その購買行動プロセスとしてULSSASをご紹介しました。今やSNS上のUGC発信を通じて、お客様がお客様を連れてきてくれるという構造ができています。この構造をうまく活用して、効率の良いマーケティングを進めましょう。

第3章では、SNSの活用を商品・サービス認知の域に留めず、実際の売上アップにつなげている企業の事例を紹介しました。いずれも「どのようにして企業アカウントの中の人がバズるか」という思想で行っているものではありません。N対nの情報伝播構造を頭に入れ、「いかにお客様からUGCが生まれるか」「いかにUGCがバズるか」も考慮して施策を行なっています。

いまだに「いかに中の人がバズるか」というSNS活用を進めている企業は少なくありません。主役は企業アカウントの「中の人」ではなく、お客様一人ひとりです。

SNSはフォロワー数や拡散数などの中間指標ばかりが注目されがちです。そもそもマーケティングは「どれだけ売上に貢献するか」が重要ですが、マスでは視聴率文化、インターネットではCPA文化があり、SNSでも同様に「中間指標を追いたい」という考え方があります。その代表例がフォロワー数で、他にもエンゲージメント数やSNS経由のウェブサイト流入数などもあるでしょう。今、世の中でSNSの成功事例として挙げられているものでも、こういった中間指標で成功が語られている印象です。

また、マーケティングは最新ツールや流行りの手法に振り回されがちです。なぜ、手段に振り回されがちなのか。それは、手段を売り込もうとする人たちがいるからです。ITベンダーはバズワードを作ってソリューションを売り込もうとします。メディアは新しいキーワードで記事を書こうとします。一昔前だったらビッグデータやIoT、昨今ではパーパス、SDGs、Cookieレス、アフターコロナ時代などが挙げられます。「手段を売り込もうとする人たち」が存在することを意識しない限り、その強烈な引力に簡単に飲み込まれてしまいます。

そんな誘惑に惑わされないためにも、「自社が真に解決したいことは何か」「そのための最適な手段は何か」を常に問うこと。これだけは絶対にぶれることなく、考え続けましょう。

紹介したULSSASについても、いきなり飛びつかずに、冷静になって三枚おろしで切り分けてから活用を検討してみてください。魔法の杖はこの世にありません。

第4章

成果につながるSNSマーケティング7つの鉄則

4-1　SNSはマーケティング全体最適の視座で取り組む

SNSマーケティングを成功させるために

本章は実践編です。ＳＮＳマーケティングに関わる実務責任者や担当者向けに、成果につながるＳＮＳマーケティングの鉄則を７つの切り口でまとめました。

ＳＮＳ戦略の立案やアカウント設計だけでなく、戦術にあたるＵＧＣやインフルエンサーとの関わり方、動画の活用方法、振り回されがちな各ＳＮＳのアルゴリズム[1]対策、組織の作り方などを紹介します。

各鉄則の最後のページには「まとめ」を作っています。見返しながらぜひ行動に落とし込んでもらえれば幸いです。

4-2 鉄則1 トリプルメディアで分解するとSNSの打ち手が見える

KPI設計は、トップアジェンダである

SNSのKPI設計は、最も多く質問されることです。おそらくこれからSNSを本格的に活用していくにあたり、初めてのことでどこから手をつけていいかわからず正解を求めている心理があるのでしょう。

結論をいえば、誰しもに通用する**「SNS専用のKPI」は存在しません。**これはSNSに限らずSEOでも広告でも、また、どの会社のどの事業部にも通用するKPIは存在しないでしょう。強いて挙げるならば「試行回数」くらいでしょう。

戦略とは企業によって異なるもののはずです。これはKPI設計も同じです。自社のマーケテ

1 **SNSのアルゴリズム対策** アルゴリズムとは、一般的には外部から得られたデータを処理し、出力結果を生成する手順を指す。SNSプラットフォーム上でユーザーに表示するコンテンツは、アルゴリズムに則って選出されているため、それを理解し、対策を取ることで、投稿した内容がユーザーに表示されやすくなる。

ィングの全体像や、デジタルマーケティング環境の変化、最先端を深く知っていなければ最適な戦略、KPIを設計することは困難です。

間違ったKPIにはパターンがある

間違ったKPIには明確なパターンがあります。失敗例を知ることで、同じ轍を踏まないことは可能です。

本質的なKGI−KPI設計を進める場合、次のような思考プロセスになるでしょう。

- そもそものKGIは何か？
- 達成に向けた成功要因であるKSF（Key Success Factor：重要成功要因）は何か？
- そこから導き出せるKPIは何か？

もしKGIが曖昧なようであれば、一般的なKGI−KSF−KPIの設計方法から振り返ってみてください。

さらに、間違えやすいポイントを紹介します。失敗は避けることができます。「自社が当てはまっていないか？」の視点で読み進めてください。

間違ったKPIの設計例(1)
SNS投稿経由のWebサイト流入数のみを追っている

自社の商品について紹介した投稿やオウンドメディアの記事などを、公式アカウントから発信した投稿（自社商品の紹介やオウンドメディアの記事など）のリンククリック数をひたすら追い続けるケースです。

自社アカウントのプロフィールページ記載のURLからクリックされたWebサイト流入数も、直接流入の数字です。第3章でも触れたように、直接流入からの購買（直接購買）だけではない貢献もあります。SNSで知って、興味を持って指名検索をしてWebサイトに訪れることもあります。そのような消費者行動を踏まえて最適なKPIを見つけていくことです。

このケースに陥ってしまっている場合、「1対nの発信による直接購買」だけを評価する思考になっているかもしれません。1対nだけではなくN対nの数字も、つまり直接貢献だけではなく間接貢献の数字も、追うとよいでしょう。

1対nの数字には自社の投稿のインプレッション数[2]・リーチ数[3]などがあります。N対nの数字

2 **インプレッション数** 投稿が何回ユーザーに見られたかを測る指標。投稿の表示回数。
3 **リーチ数** 投稿がどのくらいのユーザーに届いたかを測る指標。

は、言及数やUGC数を指します。間接貢献については指名検索数などあるでしょう。第3章でも解説したように、UGC数と指名検索数が相関しているケースがあるからです(相関の度合いは商品カテゴリによります)。UGCの数が増えれば増えるほど、自社の商品やサービスの認知度が高まり、興味を持ってくれる人が増えます。これらの人々はその後に検索行動を起こすため、自然と指名検索数が増加する傾向があります。

したがって、SNSアカウントの運用においては、一つひとつの投稿から集客を試みたり、投稿単位で効果を検証しようとすることは、大きな意味を持ちません。もちろん、一つひとつの投稿のパフォーマンスを分析することが必要な場面はあります。それ自体が全く意味のない行為ではありません。しかし、顧客は企業と「点」ではなく、「面」で接点を持っていることを忘れないようにしましょう。

「いかに公式アカウントがバズるかが重要だ」と思っていると、N対nの大事な指標に気づけません。そのような思考にとらわれていては、いわゆる公式アカウントの「中の人」の投稿を超えるアイデアは発想できないでしょう。SNSマーケティングを成果につなげるには、「アカウント運用だけに注力すれば十分」ではありません。

間違ったKPIの設計例(2) KGIと連動していない

KGIは、売上などの事業の最終的な目標達成に必要な重要指標を指します。KPIは、KGIを達成するためのカギとなる指標です。KPIとは商売繁盛のキードライバーだと捉えてもよいでしょう。

SNS活用の現場でありがちなのが、公式アカウントのフォロワー数だけをKPIに置いているケースです。「フォロワー数を増やした結果、どうKGIにつながるのか？」という視点が抜けてしまっていることは少なくありません。たびたび触れていますが、その代表例がフォロワー数をKPIにすることです。フォロワー数を伸ばして、公式アカウントの発信力を高めることが狙いのはずです。本当に欲しい結果から、数字を見ていきましょう。

リツイート数やエンゲージメント数も同様です。エンゲージメント数の獲得のために、フォロー&リツイートキャンペーンやプレゼントキャンペーンを繰り返してしまっていませんか？ 目的が「ラクしてエンゲージメント数を稼ぐ」ことにすり替わる場合が多く、そのブランドや企業にとって、最終的なゴールにつながっていかないことがほとんどです。

事業フェーズが変わり、ＫＧＩにはつながりにくくなっているにもかかわらず、同じＫＰＩを追いかけているケースもあります。一言でいえば「ずっとそのＫＰＩを追っているの？」ということです。

例えば、あなたが新規事業のオウンドメディア立ち上げを任されたとします。立ち上げ初期は、ＫＰＩとして１００本の記事制作が設定されました。しかし、立ち上げから1年後もその目標本数が続く状況は妥当といえるでしょうか。有名なライターの連載を獲得したり、あるいは広告案件受注のため営業の活動を見直すなど、何かしら次の目標を設計するのが自然な流れでしょう。

ＫＰＩは、事業フェーズやステージによってその都度変わっていくものです。ＳＮＳマーケティングの初期フェーズにおいて、投稿のリーチ数を追っても意味のある成果は創出しにくいでしょう。フォロワー数が少ない状態であれば、フォロワー数をＫＰＩに置くほうが適切かもしれません、し、月10件の投稿など行動量を追ったほうが状況に即している可能性もあります。

状況が変われば、見るべき数値も変わります。ＫＰＩはナマモノです。自社のＳＮＳマーケティングが新しいフェーズに入っていることに気づかず、従来のフェーズと同じＫＰＩを追っていないでしょうか。改めて点検する必要があるかもしれません。

このように、ＫＰＩを単体で考えるのではなく、「自社のビジネスにおいて、ＫＧＩと連動する

KPIは何か」を考えるようにしましょう。

KPIに悩む人は多いです。そこで提案ですが、KPI迷子の人は、とりあえずKGIが動くような施策は何か？と手を動かしてみることが効果的な場合もあります。いろいろと施策を打つことで、こういった指標が動くとKGIも動くのだな、と見えてきます。

間違ったKPIの設計例(3) 評価項目にすり替わっている

CPAやCV（コンバージョン）数は、わかりやすいですよね。クリック数の中でも、コンテンツに含まれたURLからの直接クリックのCV数は測定しやすいでしょう。人事評価も、定量的な指標があると評価しやすいはずです。

例えば今期は毎月100件のCV数を目標において、それが110件だったら110％達成。達成率が110～119％のレンジだったら、昇給・賞与・昇格にはこんなふうに連動して……このような思考法は、成果を出すための取り組みではなく、評価されやすい成果のための取り組みです。

これは、KPIがMBOにすり替わっている現象です。KPIがMBO的な意味合いで使われ、そのまま浸透していないでしょうか。MBOとはManagement By Objectives（目標管理制度）の略称であり、個人と組織の目標をすり合わせて作る個人の目標設定です。評価のための目標設定ですが、これがKPIとして設定されているケースが少なくありません。

MBOと連動させるKPIとして、定量的に評価しやすいフォロワー数を設定しようとか、各アカウントで1万人獲得を目標に、達成度に合わせて賞与支給額を変動させよう……このような数字はあくまでMBOです。「このKPIは、どのKGIを達成するための指標なのか」という観点ではありません。KGIに貢献するための的確なKPIを置くべきなのに、人事目標に紐づく目標設定にすり替わってしまっているのです。

このような思考法の人は、**成果を出すための指標よりも、社内から評価がされやすい指標に意識が傾いてる**かもしれません。「いいKPI」と「評価連動の部門目標」は似ているようでまったく異なるものです。このような人事領域にも関わる問題は、SNS担当者だけでは解決できず、部門責任者が音頭を取り推進していくべきです。

SNSをやらないことも戦略

SNSで売れる商品もあれば、そうでない商品もあります。SNSで売れる商品であっても、ユーザーの状況、行動によって取るべき施策は異なります。SNS戦略の策定に必要な前提条件が明確でないまま「どんな投稿の文面にするか」「どんな写真やハッシュタグを使うか」といった細かな話を始めてしまうと、もしかしたらSNSをそこまで活用すべきではないケースであっても、経営資源を投入しつづける結末になるかもしれません。

SNS戦略が必要な理由として、次の二点が挙げられます。

- 達成しなければならない「目的」があるから
- 「資源」には限りがあるから

ここでの「資源」とは、人的資源や広告宣伝費、時間、知識、ブランドエクイティなどを指します。達成したい目的（ゴール）があり、そのために限りある資源（リソース）をどのように使っていくのかを考える大きな方策が、「戦略」のはずです。「何をすべきか？」あるいは「何はすべきでないのか？」といった観点です。

- 目的は何？

図表4–1　SNS戦略策定の流れ

「SNS戦略の見直し」は「マーケ戦略の見直し」であり
「メディア環境の見直し」で情報伝播構造を再設計することである。

調査／戦況分析

マーケティング戦略策定

SNS戦略策定

・ゴールは何？
・そのために必要な考え方、手法は何？

これを言い換えれば、「目的がないままなんとなくアカウント運用を行なっていませんか？」「ほかに回すべき資源を適正に配分できていなかったりしませんか？」という疑問です。

SNS戦略を策定する流れは、図表4－1のように図解できます。

「SNS戦略策定」は「マーケティング戦略策定」の下位レイヤーのものです。マーケティング戦略策定をするにも「調査／戦況分析」が必要です。この「調査／戦況分析」には、競合他社の調査や分析のほかに、メディア環境の分析も含まれます。

「SNS戦略の見直し」は、「マーケティング戦略の見直し」と同義であると同時に、「メディア環境の見直し」とも同義です。

SNSの登場は、メーカーや卸売などの企業にとっても「顧客の声が直接聞ける」という点で画期的でした。従来はPOSデータなどからしか把握できなかった顧客のニーズを、「この商品が欲しい」「この商品の使い心地が最高だった」など、直接拾えるようになったのです。SNS上で発見した顧客の声を商品企画に活かしたり、自社のWebサイトにUGCを掲載したり、広告のクリエイティブにUGCを二次利用したりなど、多様なアプローチも可能となりました。

SNS戦略の策定はSNS担当だけの問題ではありません。マーケティング戦略に紐づいたSNS戦略を策定する必要があるため、デジタルマーケティングの責任者とSNS担当者で対話をしたり、部門間で連携を図ることも重要です。自社においてどのようなコミュニケーションが必要になるかは、本章の鉄則7で解説します。

最終的には図表4－2のようなトリプルメディアでの投資判断俯瞰図でまとめておくとよいでしょう。思考の整理としても、このようなアウトプットを作成しておくと効果的です。

ではどのようにこの配分を検討したらよいのでしょうか。

図表 4-2　トリプルメディアでの投資判断俯瞰図（例）

	Twitter	Instagram	Facebook	LINE
1対n（公式アカウント運用）	やる	やる	やらない	やる
1対n（広告）	重点投資	重点投資	スポット利用	やらない
N対n（UGCや各種PR活動）	やる	やる	やる	やらない

資源配分：SNSに限らず全体でリターンが最大化するような配分

「コロナショック」やロシアのウクライナ侵攻に伴う原油価格・原材料の高騰など、2020年以降、経済や金融の分野も含めて、世界中で危機的な状況が起きています。コスト構造の変化が起きると、利益確保のために真っ先に削られていくのは販管費です。

企業にとって逆風のような状況ですが、「資源配分を見直す絶好のタイミング」と捉えることもできます。

脱・広告起点の予算配分

「まずは広告をどのように仕掛けようかな」という発想になり、広告にばかりマーケティング予算を配分する思考に陥ってしまうかもしれません。その結果、まずは広告に投資し、余った予算をオウンドメディアやアーンドメディアに充てる、という考え方になってしまうでしょう。低コストで使えるメディアを使い倒す視

図表4-3　資源配分の見直し方

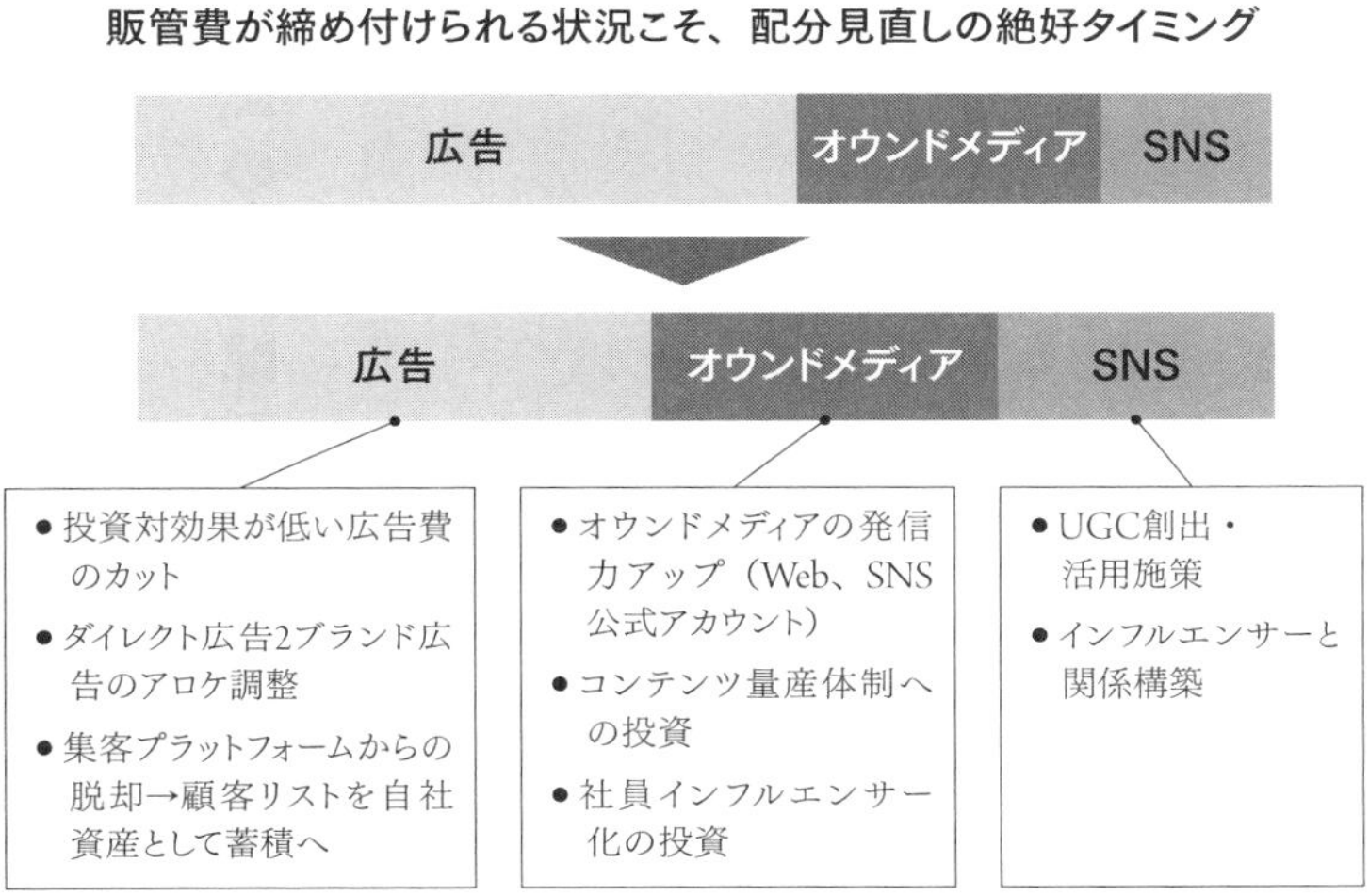
販管費が締め付けられる状況こそ、配分見直しの絶好タイミング
広告
オウンドメディア
SNS
広告
オウンドメディア
SNS
●投資対効果が低い広告費のカット
●ダイレクト広告2ブランド広告のアロケ調整
●集客プラットフォームからの脱却→顧客リストを自社資産として蓄積へ
●オウンドメディアの発信力アップ（Web、SNS公式アカウント）
●コンテンツ量産体制への投資
●社員インフルエンサー化の投資
●UGC創出・活用施策
●インフルエンサーと関係構築

点も重要です。もちろんマス広告は圧倒的なリーチが取れる良さもありますので否定するわけではありません。

ＳＮＳはオウンドメディア（公式アカウント運用）やアーンドメディア（クチコミ・ＰＲ波及）のパワーが大きい媒体です。ＳＮＳによって消費者行動が変わり、そのニーズに合った商品が売れるという現象は容易に起こりうるので、プロモーション設計の段階で、ＳＮＳに予算を厚くするなどの手は打つべきです。ＣＰＡが悪い媒体予算からＳＮＳ予算を捻出するなど、ＳＮＳを存分に活用できる前提に立った予算配分を検討しましょう。

もしＣＰＡが高すぎて悪いまま、リスティング広告に１０００万円単位で投資しているのであれば、そっくりそのままＳＮＳのブランドマーケティングに投資するほうが効果はあると筆者は考えています。人員配置も含め、予算配分の見直し（アロケーション）をおすすめします。

広告への資源配分を見直す場合

投資対効果が悪い広告費用の削減や、リスティング広告よりもUGC活用に広告費用を割くなど、先ほど述べた「獲得型施策」から「ブランド構築施策」へと資源を配分していく方法があります。テレビCMやラジオCM、交通広告から、アカウント運用やSNS広告などのインターネット広告にコストを割いていく方法も有効です。

ZOZOTOWNや楽天市場、Amazonなど、大手のECモールに集客を依存している場合は、集客手段を自社のオウンドメディアやSNSアカウントにシフトしていく手もあります。これによって、顧客リストやデータを「自社の資産」として蓄積していくことが可能です。

図表4－4は認知→興味関心→検索→購買→リピートというマーケティングファネル別での資源配分のイメージです。認知と獲得、ファネル別の予算配分バランスです。

SNS広告はフルファネルで活用可能です。ディスプレイ広告やリターゲティング広告などと

図表 4-4　メディア環境への投資配分

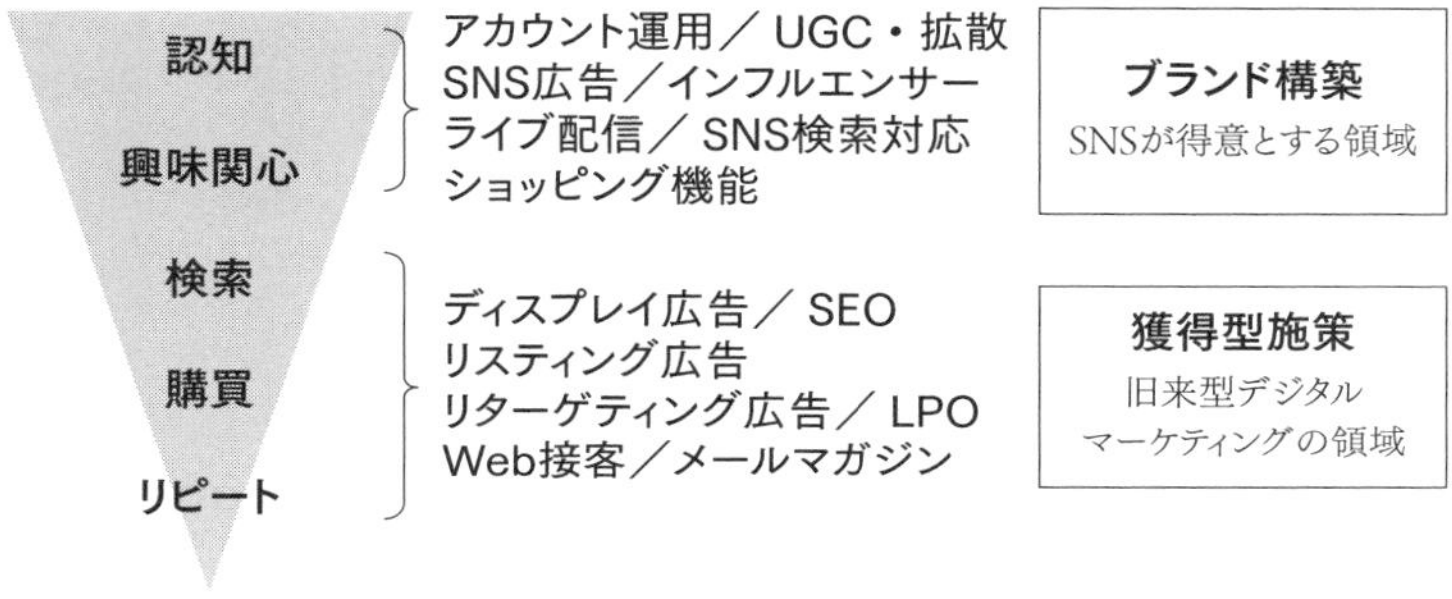

も連携が発生しますが、基本的にSNSのオウンドメディアとアーンドメディア的活用はブランド構築にも向いています。

いわゆる「獲得型」のマーケティング手法の限界に直面している企業は多いでしょう。一方で、SNSを代表に、ブランド構築を中心とするデジタルマーケティングの新手法も生まれつつあります。デジタルマーケティングにおいても、ブランド構築の領域に資源を配分する観点も持つべきです。

オウンドメディアへの資源配分を見直す場合

自社のWebサイトや公式アカウントに対する投資を増やし、オウンドメディアの発信力を高めていく方法もあります。

ただし、オウンドメディアを強化する場合はコンテンツの量産が不可欠となるため、その分の新しい投資は必要になります。テキストや写真、動画（短尺・長尺）など、昨今はコンテンツのフォーマットも多様化していることも鑑みつつ、資源配分を考えるとよいでしょう。

社員や社長などがインフルエンサーとして自ら「メディア」となる、「社員のインフルエンサー化」「インフルエンサーの内製化」に対する投資も一つの手です。

オウンドメディア発信には、コンテンツ制作への投資が不可欠です。例えば社員のインフルエンサー化を進める場合は、カメラなどの撮影機材や三脚、照明といった小道具が必要になるでしょう。社内に撮影スタジオを用意する企業も出始めています。予算や時間はもちろん、コンテンツ制作に関するノウハウ蓄積の観点からも、自社に必要な資源の配分を考えてみてください。

SNSへの資源配分を見直す場合

UGCの創出や、UGCを活用した施策などに投資をしていく方法もあります。インフルエンサーに自社の商品やサービスのPRを「案件」として依頼するのではなく、自然な関係構築やリレーションシップを通してつながりを持つことも大切です。自社の商品やサービスを自然発生的に紹介してもらえたり、自然な流れで自社の情報を拡散してもらえるケースも多く、有効な打ち手といえます。

SNS領域内での投資配分のバランス、まずはトリプルメディアで切り分ける

前提として、SNSの運用は多大な工数を取られます。リソースが潤沢な大企業ならともかく、多くの中小企業はそうもいかないのが現実のはずです。

SNS活用をトリプルメディアで切り分け、資源配分を行っていく方法もあります。トリプルメディアの観点で切り分けると、まずオウンドメディアが「公式アカウント運用」です。また、UGCを「お客様の声」としてECサイトや自社のWebサイトに掲載し、購買転換率を上げる方法も考えられます。

アーンドメディアは、一般のSNSユーザーによるUGCの創出を狙う方法です。インフルエンサーとの関係構築を通し、自然発生的なUGC（PR案件がらみではない投稿）が投稿されることに資源を配分する手も有効です。アーンドメディアの活用余地については、鉄則2でご紹介する「言及在庫メソッド」を活用して模索しましょう。

ペイドメディアの活用としては、SNS広告や、PR案件として依頼をする「インフルエンサ

図表4-5　各SNSの特性

「届けたい相手に届けられるか」「それは効率的か」の
2つの観点から注力SNSを選ぶ

	Instagram	Twitter	Facebook	LINE	TikTok	YouTube
利用者数	3300万人	4500万人	2600万人	8100万人	950万人	6200万人
投稿形式	画像・動画	色々	色々	色々	動画（短尺）	動画（長尺）
拡散性	△	○	△	×	○	△
個人発信の動機	好きなものを発信する場所	会話の場所	個人のプレスリリース	チャット	注目を集めるステージ	番組感覚

ーマーケティング」が挙げられます。また、昨今は第三者配信や、Instagramの「ブランドコンテンツ広告」などを筆頭に、インフルエンサーの投稿を広告として配信することも可能となりました。

このように、SNS活用をトリプルメディアで切り分けていくと、さまざまな打ち手が見えてきます。

どのSNSを強化するか

リソースには限りがあります。兼務というかたちで、各SNSアカウントを担当者一人で使い分け、運用する場合も多いのではないでしょうか。そうすると、どのSNS運用も結果的に中途半端になってしまい、望ましい水準の成果は出ないかもしれません。

すべてのSNSをトリプルメディアの観点でそれぞれ活用することは、よっぽどの大企業ではない限り難しいでしょう。

注力するSNSを選んで取り組むほうが、無理がありません。
SNSを選定するポイントはシンプルです。「届けたい相手に届けられるか」「それは効率的か」の2つの観点です。

例えば地方の私立大学が学生募集のプロモーションを行いたいとします。この場合は受験生のような年代のユーザーが多く集まっているSNSで発信することでターゲットと接点を取れます。Facebookは社会人以降の年代のユーザーが多いため、ちょっと難しいかもしれません。では、老人ホームの入居者募集では？

迷った場合は「届けたい相手に届けられるか」とシンプルに考えるとよいでしょう。効率の観点では、例えば公式のFacebookページの更新についてはアルゴリズムが難解で自然な露出が取りづらいから運用は行わない。また、YouTubeの公式チャンネル運用は動画制作コストと工数が取れないので今は見送るなど適宜判断しましょう。

「Twitterは Twitterらしく、インスタはインスタらしく」と、各SNSの特徴をふまえて最適化したいのが理想です。現実的にリソース面で難しければ、まずは各SNSへの一斉投稿から始めてみる方法もあります。あるいは「まずは Twitterから極めていこう」とチャネル一つひとつを攻略していく方法もあるでしょう。

UGCを増やすことやULSSASを回すという観点ではTwitterをおすすめします。国内では4500万人ものユーザーが存在し、テキスト中心で投稿ハードルが低いことや、拡散性に優れたSNSだからです。特にTwitterが優れているのは、「データ活用のしやすさ」です。他のプラットフォームはクローズドなことも多く、データが取りづらいのですが、Twitterは比較的オープンです。「こういう施策を打てばUGCが増えた」「増えなかった」といった、UGCを増やすための示唆を得やすい場だといえます。

鉄則1のまとめ

- KPI設計はトップアジェンダ。部門責任者は次のような「間違い」になっていないか確認する
- KPIでよくある間違い
  1. SNS投稿経由のWebサイト流入数のみを追っている
  2. KGIと連動していない
  3. MBOにすり替わっている
- 戦略は資源配分。そもそもSNSをやるかやらないか。やるならトリプルメディアで分けてどこにリソース投下をするか考えること

4-3 鉄則2 「言及在庫メソッド」がUGCを爆増させる

UGCがSNSマーケティングの肝

鉄則1では、SNSの効果を最大限に引き出すためのトリプルメディアの観点について紹介しました。続く鉄則2では、SNSの発信効果の総本山ともいえるアーンドメディア活用について深掘りして解説していきます。

ポイントは「いかにUGCを生み出すか」「いかにUGCを活用できるか」「UGCを活用するための戦略を作れるか」です。まずは、自社の商品やサービスが「UGC」を活用しやすい特性かを把握しましょう。そこで活用してほしいのが「**言及在庫メソッド**」です。

UGC活用の戦略策定に使える「言及在庫メソッド」

クチコミするにも、消費者の頭の中にクチコミのもととなる「ネタ」がなければクチコミできません。筆者はこれを「**言及在庫**」と名付けました。「ブランドに対して抱いているイメージ」とも言い換えられるでしょう。

図表 4-6　言及在庫メソッドのイメージ

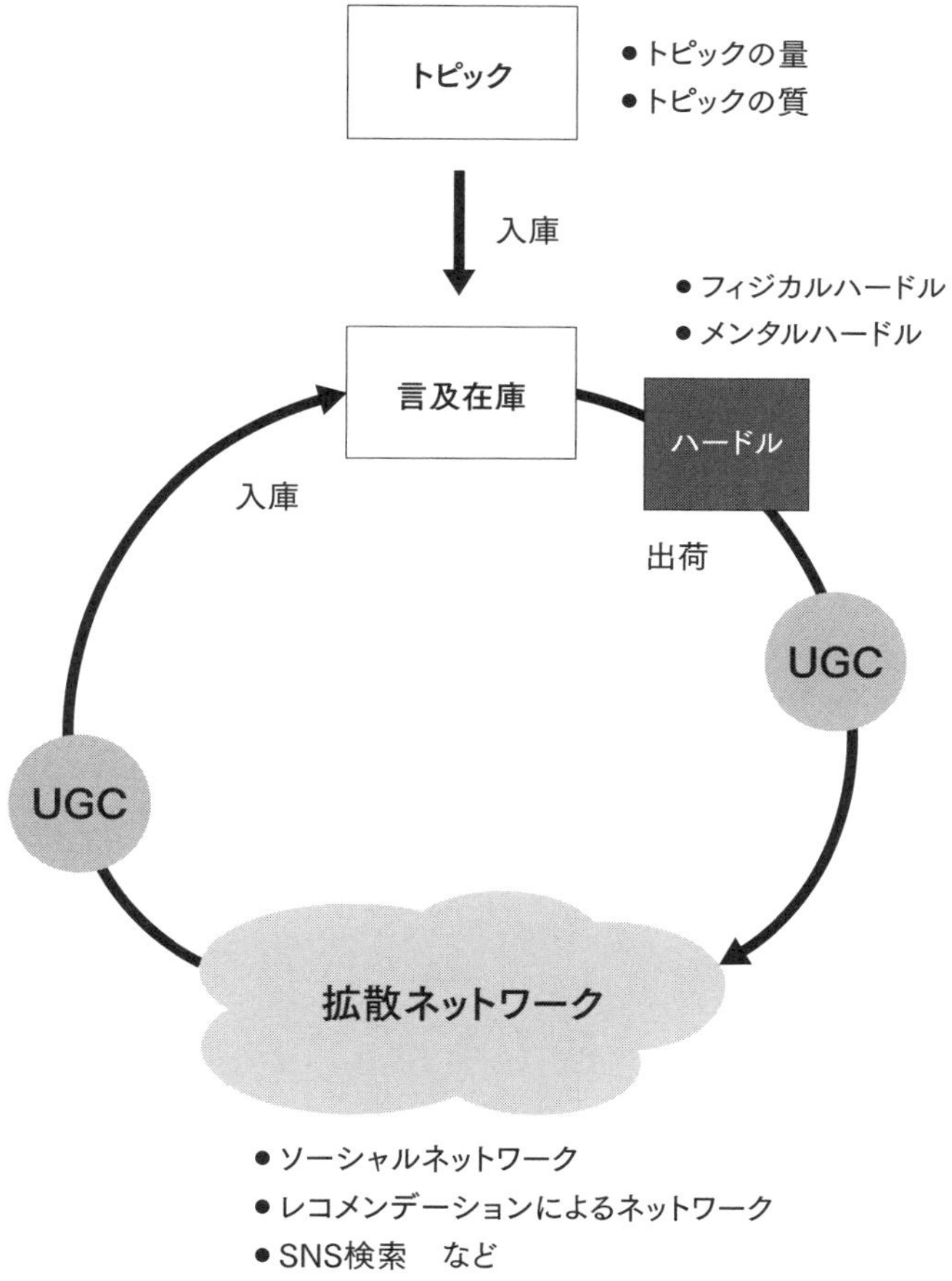

例えば、全く知らないブランドや、ブランド名は知っていても人に話すほどのネタを知らないブランドであれば、クチコミすることはできません。**在庫がなければ出荷ができないように、脳内に在庫がなければクチコミは起きえないということです。クチコミのもとになるネタの入庫が必要です。**

まず、図表4－6の上側にあるブランド側の「トピック」は、クチコミのもとになる「ネタ」です。UGCはN対nの情報伝播ですが、そもそもトピックが消費者に知られていない限りクチコミは起きえません。そのため、実際は1対N対nという構造になります。

トピックは「量」と「質」に分けられます。

トピックの量（トピック数）については、「商品・サービス文脈」と「コミュニケーション文脈」の2つのタイプがあります。商品文脈は「美味しい」「かわいい」のように、商品について直接言及しているクチコミです。コミュニケーション文脈は、CMや広告などを見て「〇〇、ジーンと来るな」などと、共感を呼び起こすものです。商材特性に合わせて、どちらの文脈が適しているか判断しましょう。トピックの質にはn数や賞味期限の要素があります。

- トピックのn数（トピックを共有できる人数。例えるならばクラスの何人と共有できるネタか）

図表 4-7　UGC 創出のポイント

商品・サービス文脈のUGC例

「○○が美味しくておすすめ」

「○○の本、最高だった」

「○○で肌がキレイになった!」

「○○のパッケージかわいい!」

コミュニケーション文脈のUGC例

「○○のこのCM、感動した!」

「○○の広告、共感した!」

「○○に出てるタレント、カッコいい〜」

例：ニッチな産業財はトピックを共有できるn数が少ない。猫や犬がバズりやすいのはマスと共有できるトピックのn数が多いから

・トピックの賞味期限（鮮度）

例：芸能ニュース（芸能人の結婚ニュースなど）は数日、ブームは数カ月、メガトレンドは数年など。

トピックの入庫としては、次のように自社アカウントから会話のきっかけを提供することで、言及を促進させる方法もあります。

［自社アカウントから提供する会話のきっかけ例］

・質問する
・議論を始める
・会話に参加する
・話題のネタを提供する

- 見本を示す
- お題を提示する（ハッシュタグ企画など）
- 型を提供する
- 懸賞など見返りの提供をする（フォロー&リツイートキャンペーンなど）
- UGCの作成を奨励する
- 発話しやすいように口火を切る

そして消費者が「言及」に至るまでには、「ハードル」があります。フィジカルハードルとメンタルハードルの2つに分けられます。言及の動機やモチベーションがあっても、ハードルを乗り越えないと言及はされません。

例えば、商品名がやたらと長いと「ハッシュタグを打ったり、SNSへ投稿するのが面倒」と感じられ、フィジカル面でのハードルが高くなります。また、コンプレックス商品だと「これを使ってます」となかなか言いづらいため、心理的なハードルがあると考えられます。フィジカルとメンタル、2つのハードルを簡単に乗り越えることができれば、UGCが生まれていきます。

［フィジカルハードルの例］

- ハッシュタグが長すぎたり英語の大文字小文字が混ざっていて打つのが面倒
- 投稿を作るのが面倒
- 会話のメイントピックとして挙がりづらい（仲介など）

［メンタルハードルの例］

- 人目を気にする
- バレたくない
- 失敗したくない
- 評判を落としたくない

そして「拡散ネットワーク」とは、言及が人から人へ伝わっていく経路のことです。言及はコミュニティやプラットフォームの中で誰かに向けて行われるものです。この拡散ネットワークにはフォロー・フォロワー関係を経路とする「ソーシャルネットワーク」「レコメンデーションによるネットワーク」、「SNS検索」での認知経路などがあります。

UGCはこのようにフォロー・フォロワー関係のソーシャルネットワークを通じて拡散する経路もあるので、「バズりやすいコンテンツ」だけではなく、「バズりやすいネットワークづくり」の両輪が大事です。企業アカウントのフォロワーにUGCを出してくれそうなユーザーを集めたり、企業アカウントがUGCをリツイートしてフォロワー同士のネットワークを構築する手法がこれに該当します。

SNSには、映画好き、サッカー好き、料理好きなど、さまざまなクラスターがいます。それぞれのクラスターを認識した上で、クラスターごとに適切なコミュニケーションを取ることも有効な手法です。また、映画もサッカーも好きなど、ほとんどの方が複数のクラスターに所属しているので、一つのクラスター内で情報を広げていくと、別のクラスターにも広がる可能性が増します。

企業の場合、まずはひとつのクラスターとコミュニケーションを取り、自社の商品やサービスに関する認知を広げていくべきです。ポイントは**ひとつのクラスター内で完結するのではなく、隣り合うクラスターに飛び火するような設計**を持って進めることです。

とはいえ、そのような考えを前提にSNSを活用している企業は少ないです。概念を理解していても、一部のクラスターだけで完結するような設計しかできていないところが、ほとんどだと感じています。また、情報を拡散していくためのネットワークをどう形成するのかという点も重要です。

この拡散ネットワークの良し悪しを評価する要素として、「ネットワークのn数（言及者が属するコミュニティなど集団の大きさ）」や「発露するようなコミュニティの存在」や「（SNS以外の）他のメディアでの発露」があります。

例えばアパレル業界においては、洋服に関する話題のみに言及する専門のSNSアカウント（専門アカウント＝専門垢）が存在します。熱を入れてのめり込んでるユーザーがいると、拡散ネットワークに活発な部分があると評価できます。そのカテゴリーにおいて専門垢が存在するか？というのは、話題を大きくしていく上で重要なポイントです。

シリーズが長く続いているゲームなど、ファンを多く抱えている作品とのコラボ商品の販売をよく見かけるかと思いますが、このコラボ商品の販売自体が話題に値するトピックになり、そのファンたちの拡散ネットワークを通じて情報が広がっていきやすいのです。

さらに発展させていくと「拡散ネットワークに乗りやすいトピックは何か？」という疑問から施策を編み出すこともできます。

こうして、N対nの情報伝播では、Aさんのクチコミを見たBさんの脳内に言及在庫が溜まり、クチコミをする理由が生まれたタイミングで、Bさんからクチコミが生まれます。そしてまた、Bさんのクチコミを見たCさんが……という形で、言及在庫↓言及の流れがぐるぐる回ります。このぐるぐる回る部分は、ULSSASのフライホイールに近い仕組みといえます。

もう少し具体的にイメージできるように、ラーメン、スイーツ店、消費財、コンプレックス商品、BtoB商材、ポータル・仲介型の例を取り上げ、それぞれ解説していきます。

「言及在庫メソッド」の事例解説:ラーメン

ラーメンは老若男女にとって身近なトピックで、トピックの質の高さであるn数が多いクラスターです。なお、塩や味噌といった味はもちろん、麺の太さ、トッピングメニューなどが豊富な場合はトピックの量も自ずと多くなります。ハードル面については小難しい評論を必要としないのでメンタルハードルは低く、スマホでパッと写真を撮って「うまい」の3文字でも感想を伝えられるので、言及までのフィジカルハードルも低いです。

見る人によっては「ああ、このどんぶりでこの見た目ということはあの店のラーメンだ」とわかったり、写真を見ただけで「美味しそう」「食べたい」と感じやすいので、UGCでの認知から購買にもつながりやすいでしょう。そうしてツイートを見た人が興味を持って、実際に店に行き、新たにUGCを創出していく……このようなサイクルができる良いケースといえます。

また、極端な例ですが、「デカ盛りグルメ」も、話題になりやすくて投稿しやすいといえます。全く無名の飲食店が「ヒットメニューを生み出したい」と考えたとき、普通のメニューだけではなかなか目立たないかもしれません。そこで、極端なデカ盛りメニューを用意しておいて、写真付きで「やばい」「挑戦したい」というクチコミが増えれば、うまく認知を増やし、通常メニューも注文されるようになるかもしれません。人々がしゃべりやすい文脈に乗っかることが大切です。もちろん味の良さです、接客体験やお店の雰囲気も大事です。

「言及在庫メソッド」の事例解説：スイーツ店

このスイーツ店は毎週のように新商品が出るとします。常時約400種類のスイーツがあり、新商品も続々と発売されていると、クチコミのネタとなるトピックの量が抱負です。その上、ネタの鮮度も高いといえます。したがって、言及在庫がどんどん増えていきます。

言い換えれば、単品の販売を続ける場合、このトピックの量が少ないため、あの手この手と飽きさせない工夫をしない限り、話題が尽きやすいという特徴があります。

ロングセラー商品ではトピックの数が少なくなっていきますが、フレーバーなどを増やすことで、クチコミされやすいトピック数を維持できます。

また、「トピックの質」という観点で、トピックのn数やトピックの賞味期限にも注目してみましょう。スイーツに興味がある人は男女問わず多く、n数が多いほど話題を共有できる人も増えるため、言及在庫→言及のサイクルが回りやすくなります。

いくらトピックのn数が多くても、トピックの賞味期限が早いものだと話題は持続しません。**中長期的にUGCで成果を得たいということであれば、「賞味期限が長いトピック」「耐久性のある、時代やトレンドに左右されないトピック」を見つけて話題化を仕掛けていきましょう。**

ブランドが持つ豊富なトピックは、SNSアカウントでの発信やPR活動を通して消費者の脳内に「言及在庫」として入っていき、「美味しい」とクチコミすることのハードルの低さなどが相まって、言及されやすい＝UGCが生まれやすい流れができます。また、スイーツというトピックは老若男女にも共有できるので拡散ネットワークを通じて、言及在庫→言及のサイクルが回り続けやすいです。

「言及在庫メソッド」の事例解説：UGC創出が難しいケース①消費財

一方、UGC創出が難しいケースもあります。例えば、消費財を扱うSNSアカウントが該当します。食器用洗剤を例に解説します。

食器用洗剤の商品バリエーションはサイズの違いくらいしかありません。食器用洗剤はどの家庭でも使っていて身近であるため、話題を共有できるn数は多いでしょうが、「食器用洗剤について話したいネタ」はそれほど多くないでしょう。

あえて言及する内容を想定すると、「この洗剤良い！」「これ使ったよ～」といったもので、複雑な商品名もあまりないと考えられるため、言及することへのフィジカルハードルもメンタルハードルも低いでしょう。しかし、わざわざクチコミをする動機もないと考えられ、UGCが生まれづらい商品カテゴリーだと推察できます。

こういったことから、消費財や消耗材は自然発生的なUGC生成が難しいと考えています。狙うとするならば、フォロー&リツイートキャンペーンや、話題性の高いプロモーションなどを実施して、瞬発的な話題づくりが必要でしょう。

「言及在庫メソッド」の事例解説：UGC創出が難しいケース②コンプレックス商品

ここでいうコンプレックス商品とは、自分がこれを使っているということを他人にはなかなか言いづらい商品のことを指しています。具体例として、口臭ケア、歯周病のケア、ニキビ治療、精神的な悩みなどに関わる商品です。コンプレックス商品にはさまざまなブランドがあり、解消したいコンプレックスも多様ではありますが、どの商品でもメンタルハードルはかなり高く、こちらも自然発生的なUGCは難しいケースです。

また、コンプレックス商品はSNSアカウント運用も難易度が高くなります。例えば、コンプレックス商品を扱っているアカウントをフォローする時点で、「あ、この人はこれに関心あるのかな」という示唆を与えることになってしまいます。人知れず使いたいのにバレてしまいますよね。

こういった消費者心理により、なかなかフォロワーが増えないでしょう。投稿に対する反響数も増えづらいです。Twitterでは、誰がどんな投稿に「いいね」していたかを第三者が見ることができます。自身が「いいね」することで、他者に「あ、この人はこれに関心あるのかな」と示唆を与えることになります。

したがって、難易度は高いですが語りやすくポップに昇華させたコンテンツマーケティングを仕掛けたり、SNS広告でダイレクトマーケティングを仕掛けたり、SNS検索で対応するようなコンテンツを仕込んでいくようなSNS活用を検討するとよいでしょう。

また、同じような悩みを抱えたユーザー同士を集めたクローズドなコミュニティ（拡散ネットワーク）を形成して、ブランドに関する会話を促進させエンゲージメントやリピート購買につなげる方法もあるでしょう。**同じような悩みを持つ者同士だとわかれば、その中では言及のハードルが低くなるためです。**

「言及在庫メソッド」の事例解説：ポータル・仲介型

例えば不動産賃貸の商材だと、「〇〇のサービスを通じて引越し先の物件を決めた！」などとサービスについてのUGCは生まれにくいです。なかなか会話の中心になることは難しいでしょう。会話に出すトピックとしては「この地域に引っ越すことにした」「この物件に新しく住むことにした」のほうが一般的です。

「対応が良かった！」というようなコミュニケーション文脈でのUGCが生まれる可能性がありますが、基本的にはよほど特徴的なサービスでない限り自然発生的なUGCは難しく、UGC生成には、コンテンツマーケティングによって話題化を促進させる必要があるでしょう。

「言及在庫メソッド」の事例解説：ECサイト

ECサイトのUGC戦略を考える場合も、この言及在庫メソッドで整理しやすいです。トピックが肝心です。単品通販か、SKU（商品の最小管理単位）数は多いのか、仕入れ系のモールなのか等により、取れる戦略も異なります。

単品通販系、例えば「コーヒーのサブスク」や「健康食品」は、UGC生成が難しいかもしれません。商品が一つしかないため、トピック数が少ないのです。同じような発信を続けても飽きられる可能性もあります。また、多くのSNSユーザーには、ひとつの商品しか紹介しないアカウントをフォローし続けて情報を得る必要性も少ないかもしれません。

コンプレックス系の単品通販であればさらに難しいです。そのため「商品文脈」だけではなく、積極的にコンテンツマーケティングを仕掛けることが得策でしょう。

次にリテール系です。業態として、商品やブランドのUGCが出ても、その売り場で買われないこともあります。メーカーECではUGCが増えれば増えるほど商品名やブランド名での指名検索を通じて商品購買というプロセスになりますが、リテールであれば商品自体のUGCが生ま

図表 4-8　業態別に見る「どのようなクチコミを増やせばいいか」

業態	例	特徴と方針
メーカーEC 単品	単品通販系EC	話題の文脈が少なく、同じ話題は飽きられる **→コンテンツマーケで話題を増やすことが有効**
メーカーEC 商品多	（例）ユニクロ、#FR2……	**話題の文脈が多い**
リテールEC 単品	単品通販のアフェリエイトなど	商品自体のクチコミが売り上げに直結しない **→買い物に関するクチコミ創出が有効**
メーカーEC 商品多	（例）Amazon、ZOZO、ロコンド	商品自体のクチコミが売り上げに直結しない **→買い物に関するクチコミ創出が有効**

れても他社の売り場でも買えてしまうためです。「ZOZOTOWNでこれを買った」「Amazonでこれを買った」というような売り場に関する自然発生的なUGCも、あまり期待できないことが多いです。前述のポータル型となるためです。

そのため、商品以外のサービスに重点を置く必要があります。例えば、商品を発送する際に思わず会話で触れたくなるような同梱物を添えて話題にさせたり、「お買い物いただいた方の中で黄色の段ボール箱で届いたら実質無料にします」といった話題を提供することで、クチコミのきっかけを増やすことができます。

リテールの場合は、売上につなげるにはその売り場に関することでクチコミを創出することが重要です。他の売り場でも買えるような商品そのものに対するクチコミでは、そのリテールでの購買につながらないこともあるためです。「ここで買おうかな」と思わせ、足を運んでもらえるようなプロモーションが肝心です。

「言及在庫メソッド」の事例解説：BtoB商材

BtoB向けの商材も、コンプレックス商品に近い側面があり、UGC創出が難しいケースです。BtoB向けの商品やサービスに関して、「うちの会社ではこんなツールを使っています」「この会社さんに発注しています」とSNSに投稿することはないでしょう。そもそも話題にしない（クチコミを出す理由がない）だけでなく、自社で活用している良いツールが競合にバレる可能性もあるため、メンタルハードルも高くなります。

また、工作機械など、原材料や部品、設備品など生産のために使用される生産財（産業財）となると、ニッチな話題になります。トピックのn数が少ないため、クチコミを出しても誰からも反応されず、「わざわざ話題に出すまでもない」と認識されてしまいます。以上のような理由から、BtoB向けの商材もUGCを生み出すのが難しいケースです。

自社の商品やサービスについて、言及在庫メソッドの各要素に照らし合わせながら状況を整理することで、より精緻にUGCの活用方法を切り分けることができます。繰り返しになりますが、言及在庫メソッドにおいて重要なのは、次の要素です。

［トピック］
- 2つの文脈がある（商品文脈とコミュニケーション文脈）
- トピックのn数（話題にする人の数）
- トピックの質（話題の質）
- トピックの賞味期限（いつまで話題が続きそうか）

［クチコミハードル／動機］
- フィジカルハードル（商品名が長くて打ちづらい等）
- メンタルハードル（クチコミによるネガティブな影響がないか等）
- クチコミ発信動機（クチコミするモチベーション）

※クチコミ発信動機については、進化心理学から示唆を得ることもできる

［拡散ネットワーク］※ざっくり分けると次の3つ
- フォロー・フォロワー関係を経路とする「ソーシャルネットワーク」
- 「レコメンデーションによるネットワーク」

•「SNS検索」での認知経路

具体的なUGCの増やし方としては「よりトピックの量を増やす」「質の良いトピックを探す」が挙げられます。**ブランド側は認知していないけれど、消費者は認知しているトピックもあるかもしれません。それらはソーシャルリスニングによって探し出すことができますので、施策に反映しましょう。**

また、顧客とのコミュニケーションを変えてフィジカルハードルや、メンタルハードルを低くするような施策を提供するなどの手法も有効です。例えば、長くて複雑な商品名のハッシュタグではなく、略称やわかりやすいキャッチコピーを用いたハッシュタグを作って、フィジカルハードルを下げることもできるでしょう。

UGC生成のアイデア発想法

UGC数を増やすには、SNS内だけでなく、「SNS外で盛り上げてUGCにつなげる方法」もあります。売り場のPOPの作り込みやパッケージに工夫を凝らすなど、目にしたり手に取ったりしたユーザーが、「かわいい」「すごい」などのように、思わずSNSに投稿したくなる仕掛

図表4-9 Twitter「話題を検索」内のトレンドタブ

けをすることが大切です。フォトスポットの設置やインフルエンサーを招いて写真撮影イベントを実施するなど、情報をシェアしやすくすることで、投稿したユーザーから知人へと来店を促進することもできます。

UGC施策は「SNSの中だけでない」という考えを根本に持って、アイデアを出してみましょう。また、「SNS上でクチコミが広がりやすいネタ」を知っておくことも重要です。Twitterであれば、「話題を検索」というメニューからその瞬間のTwitter内でのトレンドがランキング形式で紹介されており、随時更新されています（図表4－9）。「トレンド」のタブを開いて、並んでいるワードを眺めるだけでも、トレンドに敏感になり、投稿の引き出しを増やすことができます。

「言及在庫メソッド」の構成要素としても挙げた「クチコミ発信動機」を意識することも大切です。例えば、「おせち」の情報は年末に差し掛かれば話題にされやすいですが、6月や7月に話題にしようとしても、なかなか興味を持ってもらえないでしょう。

このように、「どのようにクチコミをしてもらうか」だけでなく、どのようなタイミングで、どのような人たちがネタを共有していくのかにも目を向けましょう。

因数分解でのアイデア発想法

UGC生成の施策アイデア発想については、因数分解することで整理しやすくなります。

例えば、「総UGC数＝言及文脈数×言及率」。これを嚙み砕いて言うと、「クチコミのネタの数」×「クチコミしたくなるパワー」です。UGCが増えない場合、「クチコミのネタの数が少ないのかな。じゃあ、もっとネタを増やしてみようか」と考え、打開策を見つけましょう。

「言及率」は、さらに「言及動機」－「言及障壁」に分解することができます。言及動機は要するに「クチコミしたくなる動機」で、言及障壁は「クチコミしたくなくなる動機（クチコミに対するハードル）」です。

例えば、「私、新築の家買っちゃった！」という投稿動機は、「一生に一度のことだから自慢したい」という思いがあり、投稿ハードルは低いはずです。ここのポイントとしては、いくら言及障壁がゼロであっても、そもそも言及動機がなければUGCには至らないことです。そもそも言及障壁が高いような商品カテゴリーであればどのようなきっかけだったらUGCが起こりやすいかを検討し、言及障壁が低いような食品等の商品カテゴリーであればどんなネタがあれば言及動機を高められるかといった判別に活用しましょう。

図表 4-10　UGC 数最大化に向けた因数分解

① 総UGC数＝言及文脈数×言及率
　 言及率＝言及動機－言及障壁

② 総UGC数＝総発話数×出現率

③ 総UGC数＝発話者×発話数

「総UGC数＝総発話数×出現率」という因数分解もできます。これは、日本中、世界中のさまざまなコミュニティで交わされている会話の中で、その話題が現れる「確率」に着目しています。「世間の人は今どのようなネタで会話しているんだろう？　その会話に自然と入り込めるような文脈を作ろう」、あるいは「この辺りのトレンドに敏感な人が多いのか。では、それを踏まえて商品を作っていこう」といった、より具体的な施策が浮かぶでしょう。

スイーツ店であれば、例えば「チョコミント」の流行に合わせて自社商品としてチョコミントアイスを作りつつ、SNS投稿時には「チョコミン党」というハッシュタグをつけてチョコミントが好きな人たちの会話に入っていくといったアプローチもあるでしょう。

さらに、「総UGC数＝発話者×発話数」という因数分解も考えられます。「総UGC数＝総発話数×出現率」とは異なり、UGC生成をしてくれる一人ひとりに着目した式です。もしUGC数が減少してきて分析したところ、UGCを出してくれた発話者数が減っていたとします。この場合はUGCの呼び水投稿を増やしてみるなどの対策につなげられます。

また、発話数に関しては、「UGCを一度さえ出してくれたらもうOK」と考えず、「UGCを2回、3回と出してくれるような方法はないか」と模索できるものです。具体的な施策として、UGCに「いいね」周りをして自社ブランドをもっと好きになってもらうことや、UGCのネタとなるトピック数を増やしてそのトピック認知を高めるなどです。

このように、さまざまな因数分解から要素を洗い出してみると「この発話数にもっと伸ばしがいがあるな。一人あたりのUGCを最大化できるアイデアを考えよう」「この言及文脈数の要素は限界があるから、方向転換しよう。一つひとつのネタのパワーをアップさせて、言及率を高めていこう」と、分解した要素のどこに力を入れていけばいいかの整理や理解がしやすくなります。

カスタマージャーニーからUGCを増やせる瞬間を探る

消費者が商品やサービスを購入するまでのプロセスを時系列で示す「カスタマージャーニー」からも、UGCが出る文脈を探せます。例えば、旅行であれば、「旅行前・旅行中・旅行後」のようなフェーズがあります。

あなたが広告代理店に勤務していて、「北海道の観光を盛り上げたい」と旅行会社から相談があったと仮定して、フェーズ別にどのようなUGCが投稿されるか考えてみましょう。

旅行前のフェーズであれば、「私、北海道に行くんだ」「来月北海道に行くから、このお店にも行ってみたい」といったクチコミが期待できます。このようなきっかけでのUGC創出を促すような発信や提案をすることで、旅行前のクチコミを増やし、北海道旅行に関する魅力を伝えることができます。具体的な施策例としては「#北海道でやってみたいこと」というハッシュタグでお題を提示してUGC投稿を促すといったことが考えられます。

旅行中のフェーズには、観光名所にフォトスポットを設けたりすることで、UGCが出やすくなるでしょう。このような写真撮影・動画撮影の機会を増やす仕掛けにもつながります。なお、リアルタイムで旅行中であることの投稿を促すと、SNS上で「今は自宅を留守にしている」とオープンに伝えることになり、空き巣のターゲットになりかねません。その点を留意してあくまで撮影できる機会の提供に留めるのが望ましいでしょう。

旅行後のフェーズには、「○○行きました！」「○○楽しかった」という投稿を促すためにも、メールなどで「旅行はお楽しみいただけたでしょうか？　旅の思い出をぜひSNSで投稿していただけると嬉しいです」といった呼びかけをすることで、UGCを増やすことができます。

商品の市場投入のフェーズ別にUGCを生み出す

SNSプロモーションには3つのフェーズがあり、それらの特徴を踏まえて施策を考えることが大切です（図表4－11）。

ティザーは、ローンチに向けて「期待されている状態」を作るフェーズです。例えば、限定メニューの発売を予感させる投稿をしたり、クイズ形式で期間限定商品のパッケージを見せたりするなど、ユーザーが「何だろう？」と興味を示す仕掛けを作り、わくわく感のある演出などが考えられます。

図表 4–11　SNS プロモーションで重要な 3 つのフェーズ

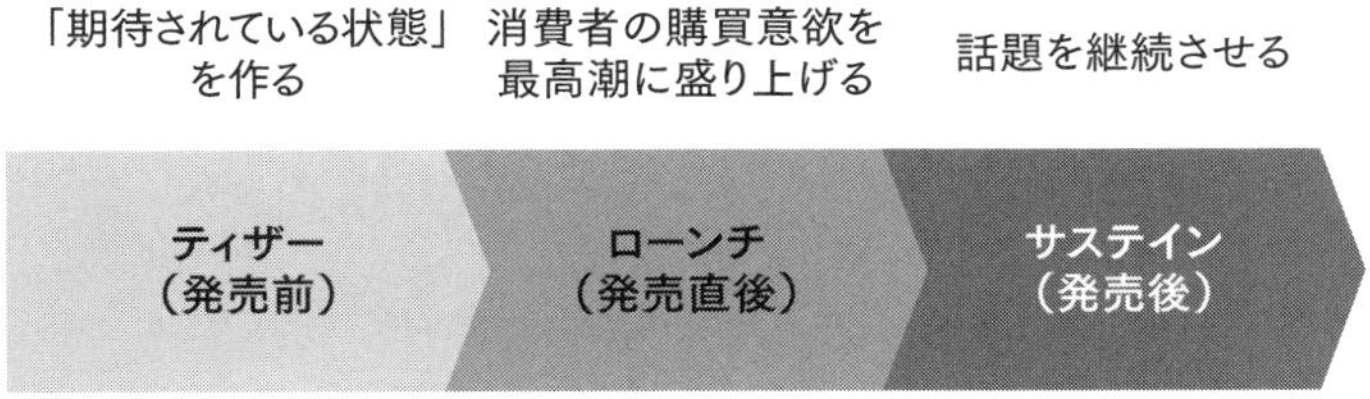
「期待されている状態」を作る
消費者の購買意欲を最高潮に盛り上げる
話題を継続させる
ティザー（発売前）
ローンチ（発売直後）
サステイン（発売後）

うまく期待を高めることができれば、SNS上には「楽しみ」「気になる」というUGCが投稿されます。その投稿を見て、自社の商品に興味を持つ新たなユーザーが現れ、さらに期待のUGCが投稿されるような、期待感を高めながら情報が拡散していく状態を目指します。

ローンチは、商品への期待が最も高まっている状態です。生活者の気持ちを盛り上げ、話題を最大化させる施策はもちろん、「発売しました！」というストレートな発信でアピールするのも有効でしょう。

ローンチでの盛り上がりを継続させるフェーズがサステインです。話題を継続させるには、サステインでの企画が重要です。キャンペーンの実施やUGCを投稿しやすくするハッシュタグ設計、インフルエンサーによるPR投稿などが考えられます。

このように、ティザーで期待を高め、ローンチのタイミングで話題を最大化し、サステインで話題の継続を図ることで、話題量の最大化と、プロモーション期間後の話題量の底上げを目指します。

図表 4-12　フェーズごとの話題量の推移例

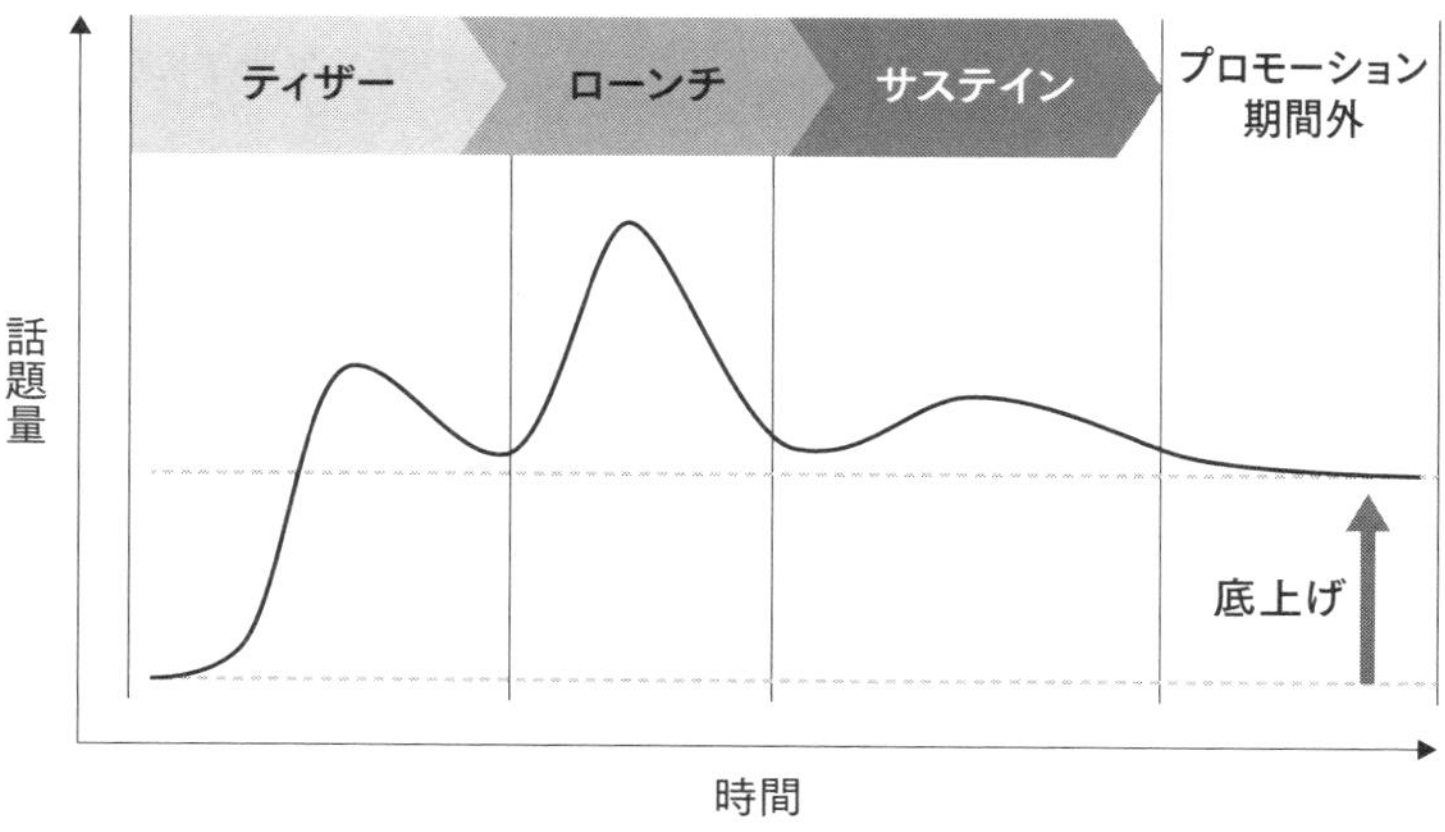

なお、SNS分析から話題にされやすいコンテンツによる仕掛けも重要ですが、その前段階として自社の情報を拡散してくれる良質なフォロワーと事前につながっておく拡散ネットワークの構築もあわせて重要です。

UGC数を最大化していくためのデータ分析方法

UGCを増やすための施策立案に、データ分析の力もフルに活用しましょう。

また、UGCに限らず、購入してくれそうなユーザーのクラスターを調べ、そのクラスターがどのような会話をしているかを分析することで、こう仕掛けていくと会話が生まれそうだという示唆も得られます。

例えば、若年層向けの化粧品であれば、「その化粧品を使ってくれそうなユーザーが、日頃SNS上でどのような会話をしているか」「どのような商品やサービスに言及しているか」を見ていきましょう。そこから、ユーザーがしゃべりやすいことや関心のあることを把握し、自社アカウントからの発信をチューニングすることができます。

まずはエゴサーチをしてUGC数と語られ方をチェック

UGCを分析する際には、まず自社のブランド名で検索してUGCが出ているかどうかを確認しましょう。どのように話題にされているかをあぶり出し、増幅させていきましょう。

もしUGCが出ていなければ、商品カテゴリー名で検索してみましょう。例えば、あなたが外資系のロボット掃除機メーカーの担当だとします。日本に進出したばかりで販売台数も多くなく、そこまでプロモーションも仕掛けてこなかった場合、ブランド名でSNS検索してもUGCが全然出ていない可能性も考えられます。

分析のしようがないと感じてしまうかもしれません。しかし、ここで終わりではありません。抽象度を上げて商品カテゴリー名の「ロボット掃除機」で検索することで、この商品カテゴリー自体ではどのようにSNS上で会話が起きていたり語られているのかを調べるのです。仮に「ロボット掃除機」のような商品カテゴリー名でも出てこなければもっと抽象度をあげて「掃除機」と検索してみてください。

「ロボット掃除機」というカテゴリーワードで検索すると、「このロボット掃除機、超便利」「我が家のロボット掃除機が、ソファーの足に引っかかってた。ちょっと可愛い」といった内容のUGCが見つかるでしょう。このように、自社ブランドでの話題がなくても、がっかりする必要はありません。商品カテゴリー上のUGCの内容から「このような価値提案だと、UGCを増やすキャンペーンができそうだな」など、施策に関するヒントもあるはずです。

コアユーザーにフォーカスする「コアユーザー分析」

コアユーザーとは「特定の商品やサービスで年10回以上UGCを出したことがある人」のような人です。ヘビーユーザーと言い換えてもいいでしょう。コアユーザー分析とは、ソーシャルリスニングを使ってこのようなユーザーを発見し、そのコアユーザーの商品やサービス以外の投稿を見ていくことで、ライフスタイルを理解し、コアユーザーにウケている便益を発見する手法です。

UGCを多く出しているコアユーザーから、どのようにそのブランドが愛されているか、どんなところが支持されているかなど、そのコアユーザーに愛されている価値も見つけることができます。コアユーザーに愛される価値を見つけたら、それをライトユーザーに提案してみるのもいいでしょう。

他にも、そのコアユーザーが他にどのようなアカウントをフォローしているかを調べ、その興味関心に基づいて投稿したり、興味・関心先のインフルエンサーを起用することで、フォロワーの嗜好に即したインフルエンサーマーケティングを仕掛けることもできます。

例えば、とあるブランドについてのハッシュタグ投稿をしたことのあるユーザー群を分析したところ、多くのユーザーがゲームやアニメに関するアカウントをフォローしていたとします。このことからは、このブランドのユーザー層には、ゲーム好きやアニメ好きが多いのかもしれないと考えられます。ブランドの新規顧客獲得に向けては、ゲームやアニメに関連した発信をすることでそれがきっかけにUGCを増やすきっかけになるかもしれませんし、ゲームやアニメ好きの未顧客に情報が届けば、購買のきっかけにもなります。

率直な声を拾える「ネットスラング三兄弟」

砕けた発言からは自然体な姿が現れるように、ネットスラングからはUGC施策立案に役立つ消費者理解を進められます。ネットスラングとは、文字通りネット上でのスラングを指す言葉で、**ネットユーザーの率直な声を拾うことができます。**

自社ブランドやサービスの名称に、いくつかの代表的なネットスラングを組み合わせて検索すると、リアルで特徴的なユーザーの声を拾うことができます。その際に組み合わせる代表的な3つのネットスラングをまとめて、「ネットスラング三兄弟」と呼んでいます。

ソーシャルリスニングで使える「ネットスラング三兄弟」は次の通りです。〇〇にはブランド名や商品名が入ります。

敬称検索

グーグルが「グーグル先生」と呼ばれるように、親しみのある商品・サービスはSNS上で「〇〇先生」「〇〇様」と呼ばれることもあります。ユーザー行動として、このようにわざわざ敬称をつけて投稿するときは、感謝やリスペクトの感情が湧き上がっているといえます。利用体験として助けられることが多いからか、ヘアケアやコスメなどの商品カテゴリーでは、先生と呼ばれているブランドをよく見かけます。

そのため、商品・サービスに敬称をつけて呼ばれた投稿に絞り込んで検索することで、ブランドが愛されたり、高い支持を得たりしているポイントをつかみやすくなります。自社のブランド名を含めた「〇〇先生」でどれだけのUGCが出ているか、ぜひ確かめてみてください。

神検索

「○○　神」で検索することでも、ブランドが支持されているポイントがわかります。「神」という言葉には、感動の意味合いが含まれているため、ブランドがユーザーから驚きをもって支持されている理由をつかむことができます。感情が振り切れたコメントは示唆に溢れ、インサイトの宝庫です。

例えば「食洗機　神」でTwitter検索してみると「食洗機が神すぎる。子供が生まれて食器も増えたけど、全然苦じゃない」のようなSNS投稿があります。この便益をまだ食洗機を買ったことがない「新しくお子様が生まれた人」や「3人家族になりそうなあなた」への訴求に活用すると、「確かにこれから食器洗いが大変になるかも。時間もなくなりそうだし、食器洗い機が必要だ」のように、自分ごと化されやすい投稿の作成にも活かせます。

近い意味合いの検索方法として「○○　レベチ」もあります。レベチとは「レベルが違う」の意味で、桁外れに優れていることを表現しています。

図表 4-13　ネットスラング三兄弟

分類	検索するワード
敬称検索	「○○先生」「○○様」
神検索	「○○ 神」
草検索	「○○ www」

草検索

ネット掲示板などで笑いを表現する「ｗｗｗ」が「草」と呼ばれることから、「草検索」と名付けました。草検索は、笑った瞬間の声を拾うことができるため、Twitterなどでウケを狙うにはどのような文脈が向いているかのリサーチに使えます。

例えば「ホットリンク　ｗｗｗ」で検索すると、ホットリンクが仕掛けた施策の中でも笑いの感情を生み出せた施策を確認できやすくなります。エンタメなど、笑いが重要な便益となる商品カテゴリーを担当する場合には重宝します。

このように、ネットスラングを駆使してソーシャルリスニングすることで、感情が振り切れた瞬間のクチコミを捉えることができます。このクチコミを眺めることで、ユーザーの心の琴線に触れる要因をつかみやすくなります。このネットスラング三兄弟以外のスラングや若者言葉も活用してみてください。「かわちい」「ニキ」「エモい」「推し」「〜しか勝たん」などです。顔文字での検索も示唆に富みます。

ネットスラングを使った検索結果をもとに、喜ばれている便益を見つけ、クチコミを増やす施策を作っていきましょう。

競合分析で探る方法

競合ブランドを比較する際は、見えやすい数字のフォロワー数だけでなく、言及数やUGC数の比較も行いましょう。例えば、自社アカウントが競合よりフォロワー数で優っていても、UGC数で比較すると劣っている場合も考えられます。

仮に「当社のブランドは業界でもトップクラスの認知度を誇ります」と主張していても、競合ブランドの言及数が10倍くらい多い場合、SNSでの存在感では負けていると言えます。UGC数の比較などの競合分析もしっかりと行って、冷徹な現状把握に基づいた戦略策定や、SNS上での話題化施策や日々の投稿企画へとつなげていきましょう。

競合とのUGC数以外の分析手法として、UGC数の波形のスパイク（急上昇）からもヒントを探れます。商品カテゴリ名やブランド名でのUGC数の波形がスパイクしたときに、他社が何を仕掛けたかを調べることも挙げられます。よくある「上昇キーワード」のように、最近クチコミ数がグッと増えているようなトレンドについて、それを引き起こした要因を分析してみましょう。

ロボット掃除機の例でいうと、複数の掃除機ロボットのメーカー名のクチコミを見ていくことで、「ＵＧＣ数を伸ばせた施策」を調べることができます。そうすることで、「このキャンペーンの直後からＵＧＣが増えている。このキャンペーンはＵＧＣ生成や拡散に効果的だったのかもしれないな。自社にも取り入れてみようかな」や「このメディアが取り上げてから一気にＵＧＣが増えている。このメディアに取り上げてもらえれば一気に広がりそうだ」、「この掃除機、実は期間限定で出店するポップアップストアを行っていた時期に、ＵＧＣがすごく伸びていって積層化していた。実際に店頭で見て触れてブランド体験したことが要因として考えられそうだ。では、うちでも商戦期が近づいたらやってみようかな」といった発想ができるでしょう。

また、競合分析についても、自社ブランドの分析と同じように、神検索や先生検索、コアユーザー分析などが活用できます。さまざまな切り口からブランドに対する語られ方や会話を見て、どうやればＵＧＣ生成に結びつくきっかけを提供できるかにつなげていきましょう。

鉄則2のまとめ

- UGC戦略や施策実行は「言及在庫メソッド」から紐解ける
- 担当する商品の「トピック」と「ハードル」はどんなものか考えてみましょう
- UGCをどんどんと消費者に伝えられそうな「拡散ネットワーク」としては、どのようなコミュニティやクラスタがありそうか考えてみましょう
- ソーシャルリスニングの手法を使って、UGCを生み出し拡散させていく施策を考えてみましょう

4-4 鉄則3 単体のSNSアカウント運用は失敗する

アカウント運用は単体で設計しない。全体から位置付ける

繰り返しになりますが、SNS活用=中の人運用だけではありません。重要なのはマーケティング全体の施策の中で、SNSをどう位置付けて活用するかです。**SNSアカウント運用単体で設計しないこと。全体を俯瞰して、設計しましょう。**トリプルメディアの視点でいえば鉄則2はSNSのアーンドメディア活用の話で、この鉄則3は全体最適なSNSのオウンドメディア活用の話です。

自社で運用するSNSアカウントの方針を決める前に、SNSマーケティングにおける「アカウント運用」の位置付けやアカウントの設計に関する思考法、本質的なポイントなどを押さえておきましょう。Twitterであれば、リツイート機能や日本国内利用者数の多さから、話題化の拡散装置として活用していこう、ニュースを発信していこう、Twitterで投稿されるようなネタを仕込もう、などです。ニュースメディアの情報源となるような話題をTwitterから作っていこうと

いったケースもあります。

立体的に、多面的に接点を考える

SNSアカウントの運用を、企業と顧客とのさまざまな接点の一つと捉えましょう。「いかに自社のアカウントがバズるか」よりも、「いかに顧客との接点を立体的・多面的に考えていくか」が重要です。

自社のアカウントからの投稿以外にも、顧客と接点を持つ方法はあります。クチコミによる認知はもちろんその一つですし、TwitterやInstagramを通じたSNS検索も該当します。20～30代ではSNSで検索する行為が当たり前になっており、SNSアカウント自体が「検索の受け皿」となっています。

クチコミで認知される場所、検索をされてやってくる場所。それが自社のSNSアカウントだと捉えてみてください。

ユーザーが語りたくなるようにプロモーションを仕掛けるティザー投稿（情報を小出しにしながら期待感を高める投稿の手法）は、「（いつ）に発売開始！」や「先行予約開始！」など売り方を工夫してワクワク感を演出しています。このような発信は企業アカウント特有のものです。

SNSアカウントのフォロワーが多いということは、オウンドメディアが多くの人に投稿を見てもらいやすいパワーを持っているということです。このパワーを活かして、例えば「このキャンペーン投稿をしてくれた人の中でいい投稿だと選ばれた人は、企業アカウントにて掲載させていただきます」というようにスポットライトが当たる場を提供し、ユーザー発信を活性化させる場所としても機能させることができます。

また、ある投稿はバズ目的、別の投稿はエンゲージメント獲得目的など、企業は「点」で施策を打つことが多いですが、実際の顧客は、SNSの一つの投稿（点）からではなく、SEOや実店舗、ECサイトなども含め、企業が展開するすべてのマーケティング環境（面）から接点を持ち、購買するか否かを判断しています。

STEP1：魅力的なアカウントづくり

まずはプロフィール訪問ユーザーが「フォローしておこう」と思える、魅力的なアカウントづくりをしておく必要があります。

例えばInstagramであれば、最低限、以下の条件を満たしておきましょう。

- テーマ性とビジュアルに統一性がある投稿を最低でも15本はしておく
- ブランドハッシュタグやメンション付き投稿はリポストで紹介していくことをプロフィール欄に明記しておく

また、**アカウントのコンセプトは「人にもAIにも」わかりやすくする**ことが重要です。これは鉄則6で詳しく解説しますが、レコメンドの仕組みと付き合っていく必要があるからです。SNSアカウント設計においては人間にもAIにも特徴をわかりやすくすることで、例えるならばAIが「この人の閲覧データや投稿へのリアクション履歴からは、目元の美容整形のジャンルに関心があるのかもしれない。それではフォローされていないけれど、この整形外科の二重まぶた整形に関する動画をおすすめで配信しよう」と判断の手助けになるからです。

ある人が、セルフブランディングの一環としてSNSを活用し、いろいろな発信をしたいとします。その際のポイントとして、「どう自分を覚えてもらうか」、つまり特徴を明快にするといったことがあります。「今日のランチ」「今日のコーデ」「家族と○○しました」といったプライベートだけの情報では、客観的に「この人は何者か」がわかりません。

例えば洋服が好きなら、洋服のことだけを発信していけば「この人は洋服が好きなんだ」「服に詳しいんだな」となります。服のカテゴリーについても、特定のブランドに関する発信を続けていけばさらに細分化されます。同じブランドが好きな人からフォローされやすくなり、Instagramの発見タブにも乗りやすくなるでしょう。「私と同じ趣味だ」「着こなしも素敵だな、フォローしておこう」となる可能性が高まります。

もちろん、個人で好きにＳＮＳを使う場合は自由な発信でよいでしょう。ただ、ビジネスなど何らかの目的をもってＳＮＳを使う方はアカウントのコンセプト、発信する情報の特徴をハッキリさせる、というのがＡＩと人間双方とうまく付き合うポイントです。

また、そもそもの初期設計として**エゴサーチ（エゴサ）できるネーミングが肝心**です。一般名称で検索すると、検索結果に他のブランドの投稿も混じってしまい、ノイズのせいで自社ブランドが見つけづらくなるためです。ＳＮＳで指名検索される時代だからこそ、商品やサービスに、以下の観点でネーミングを検討するようにしましょう。

- 発音が容易であること
- 入力負荷のない文字の羅列であること

- オンラインで検索しやすいこと
- 差別化され、ユニークであること（検索時にノイズに埋もれない・急上昇ランキングにも乗れる）
- シンプルで覚えやすいこと
- 読みやすいこと（文字から発音がわかるか）
- 目立つこと

STEP2：UGC投稿してくれる良質なユーザーとつながる

次に、UGC初期発生の起点となってくれる良質なユーザーをフォロワーにしてつながりを持っておきます。フォロワー獲得の目的が「UGC発生の起点づくり」であることがポイントです。

ここでは、良質なフォロワーを「UGCを投稿してくれるユーザー」と定義します。

UGCを投稿してくれる確率が高いユーザーはどこにいるのでしょうか？　それは、自ブランドと関連するカテゴリーやブランドのハッシュタグ付きで投稿しているユーザーです。

自ブランドと関連性の高いハッシュタグ付きで投稿してるユーザーたちは、自社商品と興味関心が一致していますし、ハッシュタグ付きで投稿することに心理的ハードルを持っていないユーザー層です。こういったユーザーたちとコミュニケーションを取ってつながりを持っていきましょう。良質なフォロワー基盤ができたら、類似ユーザーに拡張していくことも可能です。

STEP3：UGCの見本となる投稿をする

魅力的なコンセプトでアカウントを作り、UGCを生み出してくれやすいユーザーがフォロワーとして集まりだしてきたら、次はフォロワーに向けてUGCのきっかけとなる投稿やコミュニケーションをしていきましょう。筆者はUGCのきっかけとなる投稿のことを「**UGCの呼び水投稿**」と呼んでいます。

このような投稿の例として、例えば「宣伝感のない商品画像をあえて投稿する」が挙げられます。スタジオで撮ったようなプロっぽい写真も素晴らしいのですが、あえて素人感のある、ユーザーが真似しやすい画像を投稿するのです。これによって、お客様にとっては「自分もこう撮影したらいいのか」というヒントになり、これがUGCの呼び水として機能します。

他にも食品系であれば、アレンジレシピ投稿も該当します。UGCを増やしたい商品を使ったアレンジレシピをいくつか投稿し、UGCを生み出すきっかけづくりを行うのです。ユーザーが「私も作ってみました！」と真似た投稿をしてくれるかもしれませんし、ユーザーの自由な発想でさらにアレンジしたレシピ投稿のUGCが生まれるケースもあります。

例えば「この商品とごま油を使ってアレンジレシピを作ろう」と自社アカウントで投稿したところ、ユーザーから「ごま油がなかったので米油を使ってみた」という投稿が生まれたとします。こういう投稿は、米油好きのクラスタ・コミュニティへと広がる可能性があります。

企業側としては、先回りして「アレンジレシピ編・ごま油バージョン」「米油バージョン」、さらには「オリーブオイルバージョン」などと次々に展開してやりたくなるところです。ここをグッとこらえ、**UGCに委ねることによって、ユーザーの自由な発想に沿って広がり、別のコミュニティへと伝播していく可能性があるわけ**です。UGCのコンテンツ制作費は企業からするとゼロ円です。とても効率が良いと思いませんか？

UGCをリツイートするか、いいねするか、フォロー返しすべきか

アカウント運用担当者からのよくある質問の一つに、「我々のようなブランディングを行っている場合だと、お客様のUGCをリツイートすることでブランドの世界観が壊れてしまわないか？」というものがあります。

SNSだからこそできる双方向のコミュニケーションとして、UGCのリツイート（リポスト）、いいね、フォロー返しなどがあります。原則として、双方向のコミュニケーションをすることで

ブランド毀損になるようであれば控えたほうがよいでしょう。例えば憧れの印象が重要なラグジュアリーブランドが、共感を作って距離感を縮めるのはよいことでしょうか？ UGCのリツイートができないのなら今まで通りクリエイティブを工夫して広告でブランディングしていくことでしょう。

ブランドによっては、ユーザー投稿をリツイートしたり、「いいね」しない選択肢を取ることもあります。ブランドとして「フォロー／いいね／リツイート／引用リツイート／リプライ（返信）」ができるかできないかで、UGCを生むための取れる手段が変わります。

ブランドそのものに幻想的なイメージを抱かせる必要があったり、ブランドに対する憧れを持たせることによってブランド価値が高まる場合であれば、ユーザーとの一定の距離感が必要です。その場合には、直接的なコミュニケーションを積極的に取りに行くことは、ブランドの見られ方が変わってしまうことになりかねません。神秘性を守り、「なかなかお目にかかれない」ような感じを演出するとよいでしょう。

例えば、Appleは企業公式アカウント運用に注力するのではなく、人々に語らせる商品発表会などのソーシャルメディアマーケティングを仕掛けています。ブランドに合わせて位置関係や距離感を設計することが大切です。

図表 4-14　エゴサーチ用 QR コード

こちらのQRコードを読み取って、ツイートしてみてください
数時間以内にホットリンク社員から「いいね」が来るはずです

▼QRコード

※読み取り後、このように表示されますので、
そのままツイートいただいて構いません。

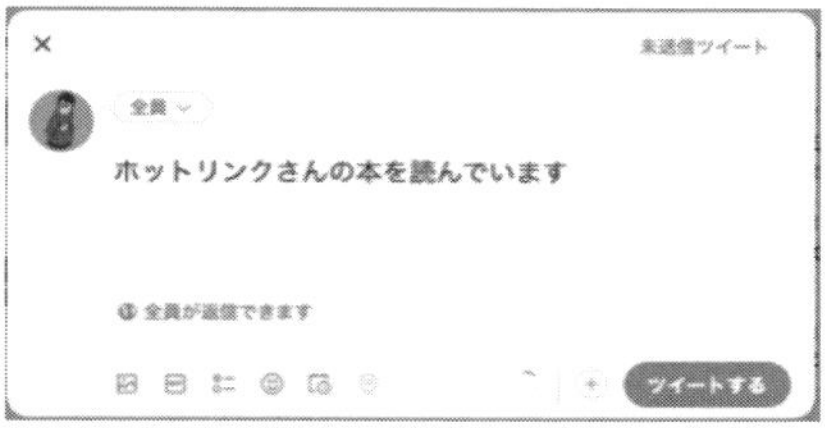

親近感がプラスに働くのであれば、引用リツイートやリプライが可能になります。この場合は、積極的に施策を仕掛けていって接触頻度を高め、好意を形成していくことが有効でしょう。日用品やエンタメなど、SNS上でのコミュニケーション量が増えれば増えるほどブランド資産も増えていくパターンです。

ユーザーは「いいね」されたらうれしいものです。顧客とブランドの関係を一歩近づけることができます。むやみやたらに「いいね」をつけるのはスパムと同等なので、ブランドについて言及してくれていたり、投稿がマッチするようなものを見つけて「いいね」をつけていくとよいでしょう。

試しに「#ホットリンク」とツイートしてみてください。社員は日々エゴサーチしていますし、「いいね」をつけています。きっと「いいね」が返ってくるでしょう。消費者理解の

ためにも、「いいね」される体験を味わってみてください。

音楽業界では、アーティスト本人による〝ファンへ「いいね」を押すためだけのアカウント〟というものがあります。アーティストや楽曲についてのUGCをエゴサーチで見つけて、積極的に「いいね」をつけてコミュニケーションを図っていく戦術です。ユーザーは通知で「いいね」をつけてくれたことに気づくので、より愛着を持つようになる効果があります。

企業側から「いいね」周りをしやすくするために、前述のようなエゴサーチしやすいネーミングのブランド名やアカウント名であることも重要です。

このように、**ソーシャル上のコミュニケーションとブランド価値がどのような関係かを考慮して、コミュニケーションの施策を行いましょう。**

ロックバンド「凛として時雨」のドラマー・ピエール中野さんが開発に携わったイヤホン、通称「ピヤホン」の事例です。ピヤホンは素人でも一聴して違いがわかるクオリティの高さが注目され、SNSを起点に爆発的な人気を獲得。数々の賞を受賞するほどのヒット商品になりました。ピエール中野さんはUGC（クチコミ）を見つけたら、すぐにリツイートしています。

［ピエール中野さん］

初号機の発売時からずっと意識的に（リツイートを）やっています。単純に、「自分がされたらうれしいだろうな」と思うことをやっている感じですね。

――この中野さんの手法は、自然とULSSASのサイクルが回っていくものだと思いました。ULSSASについてはこのように語ります。

（インタビュー時にULSSAS概念図を見ながら）初めて知りました。まさに、僕がやっていることそのものですね。マーケティングの勉強も一応していますが、「これ、自分でやってることだな」と思う点も多いですね。

ピヤホンは、ミュージシャンやアイドルの垣根を超えて届いている感覚があります。例えば凛として時雨だけだとファンにしか届かないし、ロックフェスに出てもフェスに行く層にしか届かない。でも、ピヤホンは音楽に関係ないジャンルの方も使ってくれていて。

ツイートを検索すると、どんどん越境しているんですね。例えば映画やゲーム、イベント配信でピヤホンを使ってくれた人が「相性いいわあ」「耳元でささやいてくれてるみたい」って書いてくれたり。その投稿を見て、別の人が興味を持ってくれて、という流れはできていますね。

そのうち目立っている投稿に僕がリツイートしたり、コメントしたり、ときに解説を加えたりするとまたみんなが気にしてくれて。

「ピヤホンって何?」「ピエール中野がプロデュースしてるイヤホンだよ」みたいなやり取りが新たに発生して、そこに僕がファボしたり、フォローしたりする。すると「ファボされた! フォローされた!」とまだ話題にしてくれて、買ってくれる。こういうことも起こってますね。

ピヤホンについて質問されたら、そこにもアクションします。カスタマーサポートも営業も開発も、すべてに深く関わってる感じですね。

メリットは、すごく大きいですよ。日常的にユーザーと接しているので、開発へのフィードバックが分厚くやれるんです。「ユーザーはこう捉えるのか」「ここの使い勝手はもっと改善できるな」って、そこから次のピヤホンの方向性も決められるので。

次は、ポリ袋製品のアイラップのTwitterアカウントの事例を紹介します。

[アイラップ]

弊社は、広告費をあまりかけることができません。そうなると、必要なのはあれこれ工夫することです。発信する内容について、大切にしていることは「人の生活を豊かにすること」につながる発信。フォロワーのみなさんには、それぞれの生活があります。みなさんと私をつなぐ軸として、アイラップが存在しています。だからこそ、「このユーザー様の使い方を他の方も知ったら、さらに生活が豊かになるんじゃないか」という投稿を見たら、すぐにリツイートします。反対に「この使い方は危ないかも」と思った時は、他の方が真似しないようコメントなどで指摘することもあります。

アカウントを開設して、試行錯誤しながら運用するうちに「アイラップってアカウント、面白いね」と認知されるようになり、「買ってみた」「こういう使い方してみた」というUGCが生まれるようになりました。そして、私がUGCをリツイートする。こうしたサイクルが、雪だるまのように積み重なった結果が、今なのかなと思います。

UGCを生み出すための施策の一つとして、なるべく幅広い層に認知していただきたいということで、ハッシュタグを使った部活動のような発信を行っています。例えば、「#公式BBQ部」というイベントを開催して、各企業のアカウント様が持ち寄ったものを発信しました。他にも注目したのは、アイラップ「以外」の話題です。先ほどお話ししたハッシュタグや部活動、私の趣味に関するツイートですね。
こうした発信をきっかけに「こんな商品があったんだ。でもうちの周りにはないかも」とつぶやく人がいて。それを見て、私が「ここで売っていますよ！」とお答えする。アイラップの公式アカウントは、ただ商品情報を発信するだけでなく、ユーザー様に寄り添う存在でありたいとずっと考えていました。こうした活動は、ある意味で営業マンに近いかも知れません。

「個人のアカウント」の活用を

ＥＣのブランドアカウント以外にも、「個人のアカウント」を活用することも手段としてあります。ここでいう個人とは生産者のことです。ブランドを運営する代表者、店舗のオーナーや店長も該当するでしょう。

よくある通販サイトの公式ＳＮＳとしての発信よりも、生産者としての発信のほうが、共感を呼びやすくシェアされやすい傾向があります。ユーザーの立場になってみると、ブランドのＳＮＳ運用の中の人よりも、生産者と直接お話ししたい・聞きたい気持ちがあるでしょう。属人性はデメリットだけではありません。メリットもあります。ＥＣのスモールビジネスであれば尚更でしょう。

また、現在はモノだけで差別化できる時代でもありません。これだけOEMやECプラットフォームのサービスが普及すれば、同じような製品で溢れています。

ユーザーにとっては、モノだけでは欲しい理由にならないかもしれません。あなたのビジネスの成長ストーリーに加わりたい、登場人物として参加したい。そのような動機で商品を買うことだってあるのです。応援消費とも呼ばれています。

ECサイトも運営している【飲める脂の豚肉】茨城県坂東市で約7000頭の豚を飼育する、山西牧場さんの事例を紹介します。質の高い脂や臭みのなさ、アクが出にくいという高品質の豚肉は、「飲める脂」と評され多くの支持を集めています。2018年には、食肉の品評会である東京食肉市場豚枝肉共励会の優良賞を受賞しました。

［山西牧場公式］
@ymnsfarm
https://twitter.com/ymnsfarm

［代表取締役の倉持さん］
@yamanishifarm
https://twitter.com/yamanishifarm

豚肉という差別化が難しい商品を、どのようにして人々から愛されるブランドへ育てたのか。ホットリンクが取材し、低予算の中でスタートした倉持さんの挑戦を伺いました。[4]

要約すると、次のような内容です。ぜひ倉持さんのＳＮＳアカウントやＵＧＣ、お客様との交流も見てみてください。

- ＥＣ成長に向けて、大きな市場である東京を狙った
- はじめのうちは、都内のさまざまなイベントに顔を出してカレーを配るなど、会って話すことで認知をいただけた
- そうしてコンスタントに出るようになったＵＧＣには、いいねして、リツイートして拡散したり、引用リツイートでお礼を伝えた
- 「ＳＮＳ投稿してください」とはこちらから言わないように心掛けている

- 美味しそうに見えるように写真の撮り方もトレーニングした
- なによりも「山西牧場さんの豚は特別」と思っていただき、愛してもらえるよう心を込めて商品を作っていくことを大切にしている

この事例をふまえて、すぐに取り入れられそうな実践的な方法をご紹介します。

1. ブランドやECサイトのアカウントとは別に、個人のSNSアカウントも開設しましょう
2. ブランド名でエゴサーチしましょう
3. エゴサーチで良いUGCが見つかったら、個人アカウントからいいね&リツイートをしましょう
4. 可能ならリプライで「ありがとうございます」と、感謝のコメントも直接お伝えしましょう
5. クチコミを出してくれた方をフォローしましょう。きっとフォロー返ししてくれるはずです。そこから関係性をつなげていきましょう

4 UGCを生み出した「食べられる名刺」。山西牧場・倉持信宏氏 #きょうのUGC
https://www.hottolink.co.jp/column/20220519_111467/

初回購入後のメルマガやＬＩＮＥ登録も有効ですが、ＳＮＳでのフォロー・フォロワー関係は心の距離が近くなります。

「＃山西牧場」のハッシュタグ検索結果も参考になるでしょう。ハッシュタグがついたＵＧＣが全然出ていなければ、まずは自身の投稿でハッシュタグをつけていくとよいです。この1から5の手順のように小さなアクションを積み重ねて、濃いつながりを作っていきましょう。そこからじわじわと広がっていきます。ＳＮＳは気軽に実験できるメディアです。ここで紹介したような手法を試して成功パターンを見つけていきましょう。

最後に、名古屋に新しく誕生したホテルで、多くのＵＧＣを生み出しているニッコースタイル名古屋の事例を紹介します。

［ニッコースタイル名古屋］

ホテル業界はＯＴＡ（オンライン・トラベル・エージェント、インターネットのみで取引を行う旅行会社）上での評価が売上に大きく左右されます。

各旅行サイトの評価基準で、重要なのがお客様からのクチコミ評価です。良いクチコミ評価を増やすのに、一つの手段としてＳＮＳ運用を考えました。

UGCの活用については、一般の方々も含めて投稿していただいた発信内容を見ると、すごく素敵な写真を撮られる方もたくさんいらっしゃるなと感じました。ホテルとして、カメラマンに依頼して紙媒体用の料理写真を撮影することはありました。しかし「インスタ映え」する写真を撮るという経験がほとんどなく、プロに依頼するにも勝手がわからなかったんです。そこで、Instagramできれいな写真を上げるホテルを利用された方々に、写真を使わせていただくことを思いつきました。実際に連絡をして、撮影者のアカウントをクレジットとして明記させていただきたいと相談したんです。すると、ほとんどの方々が喜んで写真を提供してくださいました。[5]

一方で、運用する上で知り合いのホテルラバーの方々以外のインフルエンサーを招待するということはしていません。逆にそうした営業があるとお断りしています。ホテルをご利用いただいたお客様が素敵な写真を撮ってくれるので、そこをもっと後押ししたいというつもりで続けています。

UGCが生み出されるよう、他に行っていることとして、ホテルオリジナルスイーツにも力を入れています。特に1月17日〜2月28日の期間限定で発売した「いちごスイーツ」は、

5 ニッコースタイル名古屋
https://www.instagram.com/stories/highlights/17907862534635811/

お客様からも非常に好反応でした。

名古屋、愛知、東海エリアで有名な食のインフルエンサーさんであるnagoya.mさんという方がいます。彼女はなかなか手厳しいんです（笑）。実際に食べておいしくないと感じたスイーツには、悪し様に書くことはありません。代わりに、スイーツ以外の要素（お店の雰囲気やサービスなど）をほめます。言及しないということは、つまりそういうわけなんですね（笑）。なかなかおいしいとは口にしてくれない彼女ですが、このいちごパフェはおいしいと好評でした。

彼女がパフェをほめる投稿をしてくださった時は、彼女のファンと思しきユーザー様がたくさんフォローしてくれて。提供期間中に、約150フォロワーが増加したんです。また、彼女はレストラン以上にホテルを気に入ってくれていて、必ずInstagramにも投稿するなど、弊館をすごく推してくださるんです。彼女がホテルについて投稿すると、週末はカフェがほぼ満席になることもあります。発信力のある方が、PRではなくファンとして投稿してくださるのは大きなポイントですね。


質の高いサービスを出し続けることが、良質なUGCにつながるということを実感させられます。一方的なアプローチで企業から発信し続ける単体でのSNSアカウント運用で終わらず、

UGC生成や拡散を促進するためのアカウント運用、双方向でのユーザーコミュニケーションなども駆使していきましょう。

鉄則3のまとめ

- 単体のアカウント運用になっていないか確かめよう
- ULSSASが回るようなアカウント運用も心がけよう
- 公式アカウントのコミュニケーションガイドラインをまとめてみよう。UGCをリツイートするか、フォロー返しするかなど

4-5

鉄則4 プラットフォーム特性の理解が動画を伸ばす

話題の動画プラットフォームは使い分けが肝

ネットはこれまでテキストコンテンツが主流でしたが、通信環境の進化などで動画もサクサクと見られるようになりました。近年では、動画プラットフォームを活用する企業が増えています。とくにショート動画とライブ配信は新たなマーケティング手段として取り入れられ始めています。Z世代に向けた施策としても注目が集まっています。

とはいえ、「流行っているから」という理由で動画活用に取り組んでも、動画の持ち味を最大限に活かすことはできません。まずはショート動画の特徴から解説します。

ショート動画の特徴

主なショート動画（短尺動画）メディアとして、TikTokがあります。Instagramでは「Reels《リール》」、YouTubeにもYouTubeショートがあります。

ショート動画の特徴は、個別に最適化されたコンテンツが流れてくることです。料理の動画ばかり見る人には料理ばかり流れてきて、アウトドア用品ばかり見る人にはアウトドア用品ばかり流れるでしょう。

企業側の視点では、ユーザーに合った動画をおすすめするアルゴリズムによって、再生数が短期間で爆発的に増えやすいという特徴があることです。そのため、顧客接点の取りやすさに強みがあります。スマホでの視聴を前提としているため、投稿される動画は縦型が主流です。

そもそもショート動画を扱うプラットフォームの多くは、投稿者の動画のジャンルが決まっていれば、そのジャンルが好きなユーザーのフィード（更新される画面）に表示される仕組みになっています。そのため、投稿者のフォロワー数とは無関係に再生数が伸びることも多いです。

通常のYouTube動画などの長尺動画と比較すると、動画の尺が短いため、商品（中でも無形商材やパッケージなどの見た目に特徴がないもの）の魅力を十分に伝えるには、動画構成やメッセージの工夫が求められます。

ここからは、各プラットフォーム別のショート動画の特徴について解説していきます。

TikTokの特徴

TikTokは2017年に日本語版が開設され、2018年頃から若年層を中心に大流行しています。ショート動画に特化したプラットフォームで、2022年世界のアプリダウンロードランキング1位に輝きました。[6]

TikTok内で使用許可されている音源に合わせて踊ったり、オリジナルの振り付けを施すことがブームとなり、今ではトレンドの音源に合わせてVlogやレシピ動画、教育系コンテンツなど幅広いジャンルの動画をアップする人たちが続出しています。最近では企業アカウントも増えており、トレンドに合わせた投稿をすることで、ブランディングや若年層への認知獲得に成功している例も見られます。

YouTube Shortsの特徴

2020年9月にリリースされた「YouTube Shorts（YouTubeショート）」は、従来の長尺主体のYouTube動画とは異なり、60秒以内の短い動画を扱っています。投稿される動画のジャンルはさまざまですが、「長尺動画の切り抜き」が多く見られます。

図表4-15 YouTubeのメニューの中にある「登録チャンネル」の項目

TikTokとの違いとして、動画の主体が音楽ではないことが挙げられます。音楽を主体としたミーム[7]は比較的少ないものの、人気のフォーマットを真似した形でミームが発生することがあります。その場合、他チャンネルのフォーマットを参考にしつつ、自チャンネル独自の特徴や価値も取り入れて制作するケースが多いです。

YouTubeではメニューの中に「登録チャンネル」の項目があり、新しく投稿した動画をチャンネル登録者に知らせることができます。

6 2022年世界のアプリランキング、TikTokが6億7000万DLで首位に（Forbes JAPAN Web 公開日：2023年1月5日）
https://forbesjapan.com/articles/detail/53316/page1

7 **ミーム** 本来は、特定の行動やアイデア、スタイルなどの文化的な要素が、社会に伝染して広がる過程を指す言葉。SNSでは、ユーザーがマネやアレンジを重ねて楽しみながら広がっていく画像や動画、言葉、行動などを指す。

チャンネル投稿者からの新規動画への反応が良ければ、プラットフォーム側に良い反応を示したユーザー群のデータが蓄積され、新たな動画を登録した際に、そのユーザー群にも動画がレコメンドされて再生数が伸びていくような好循環を生み出すことができます。

また、YouTube Shortsでアップロードされている1日あたりの動画数はTikTokよりも少ないと考えられます。TikTokに比べて無形商材や学習系のコンテンツが好まれる傾向にあることや、コメント欄にURLを貼ることが可能で、外部誘導にも向いている点も特徴といえます。

Instagram Reelsの特徴

2020年8月にInstagramに追加された「Reels」は、短尺動画形式のコンテンツを作成・投稿できる機能です。

Reelsでも、グルメや美容、ファッションなどの「インスタ映えするジャンル」では再生数が伸びる傾向にあります。綺麗な女性やカッコいい男性が歩いているだけの動画は、TikTokやYouTube Shortsでは伸びませんが、Reelsでは支持を得やすいです。

ショート動画を攻略するための事例紹介

長尺動画で100万回再生を達成するのはかなり難度が高いことですが、ショート動画の

100万回再生は、テクニック次第で達成することが可能です。

しかし、ただ再生されるだけでは意味がありません。例えば、メーカーが商品の紹介もせずに「社員が踊ってみた」という動画で話題になっても、商品について興味を持ってくれたり、欲しいという気持ちにさせることはできないでしょう。

SNS動画を使って売上アップ（認知拡大）を達成したいなら、「自社商材と相性の良い、伸びる動画フォーマット×指名検索につながる認知」の掛け合わせを考えるとよいでしょう。

LITHON《ライソン》公式チャンネル[8]はまさにこのパターンが当てはまっています。チャンネル登録者が30万人を超えているLITHONは、自社の商品である調理系アイテムを取り入れた動画を作成することで、ブランドの認知度アップに成功しました。

同一の動画フォーマットで投稿し続けたり、社員が出演するなど、LITHONのファンを生みだす仕掛けが随所に散りばめられています。

調理アイテムと相性の良い伸びるフォーマット（会社内にもかかわらず料理を始めてしまう）×動画の中で調理道具が組み込まれているから自然に興味を持つ、というコンテンツ設計です。

8 **事例** LITHON公式チャンネル
https://www.youtube.com/shorts/rZJt0vxUb60

図表 4–16　動画プラットフォームの収益構造

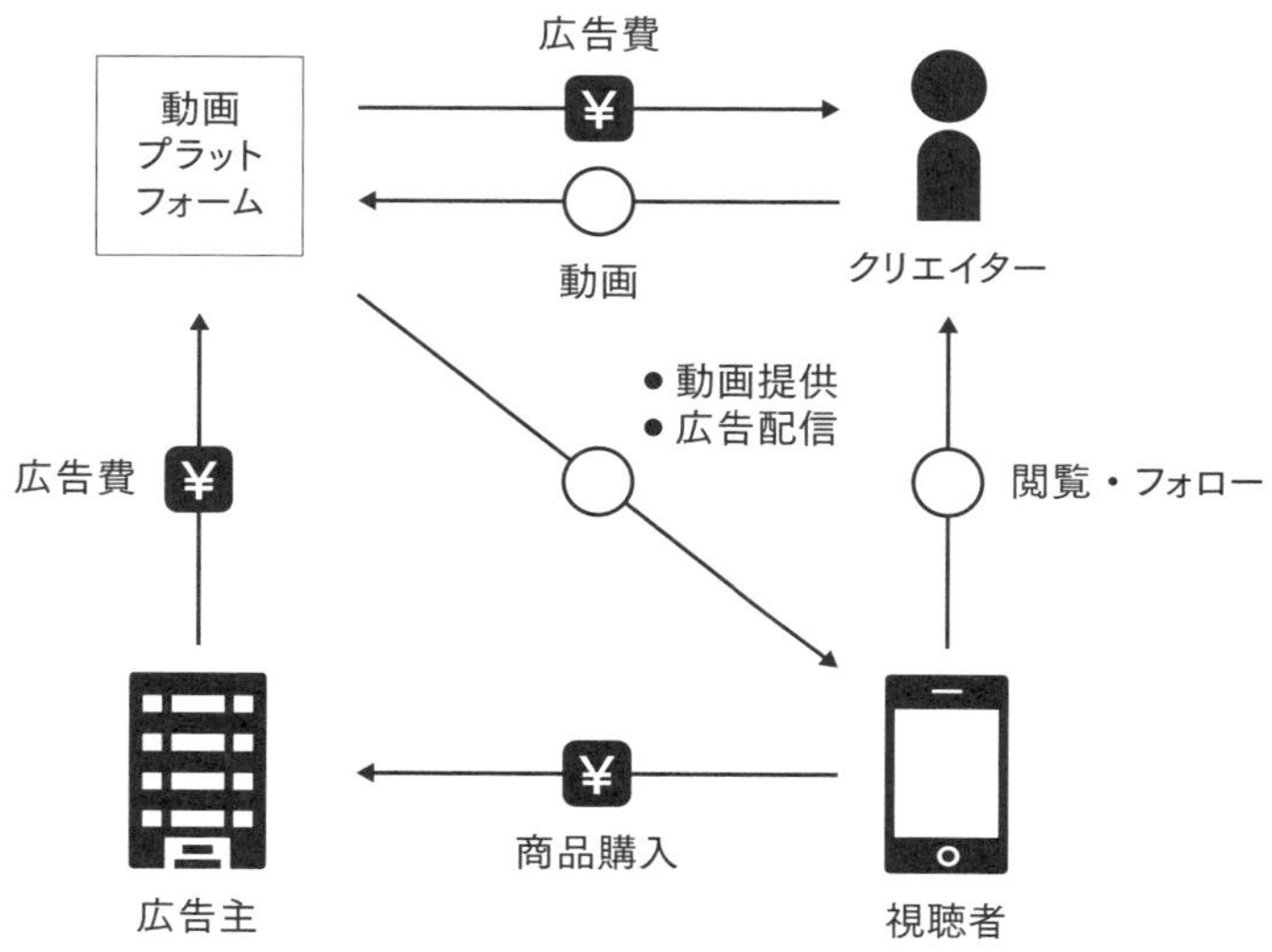

ショート動画の特性を活かして知ってもらうきっかけを得て、ショート動画ながらも動画構成を工夫することでしっかりと商品の便益を感じ取っていただければ、指名検索につなげられます。変化が見られない場合は、自社商材と無関係な形で認知されていることも考えられます。

ショート動画の再生回数を伸ばすための思考方法

まず、動画プラットフォームの収益構造を頭に入れておきましょう。

動画プラットフォームの視点で解説します。

- 動画プラットフォームが売上を伸ばすためには……

図表4–17　1動画の再生時間を最大化するポイント

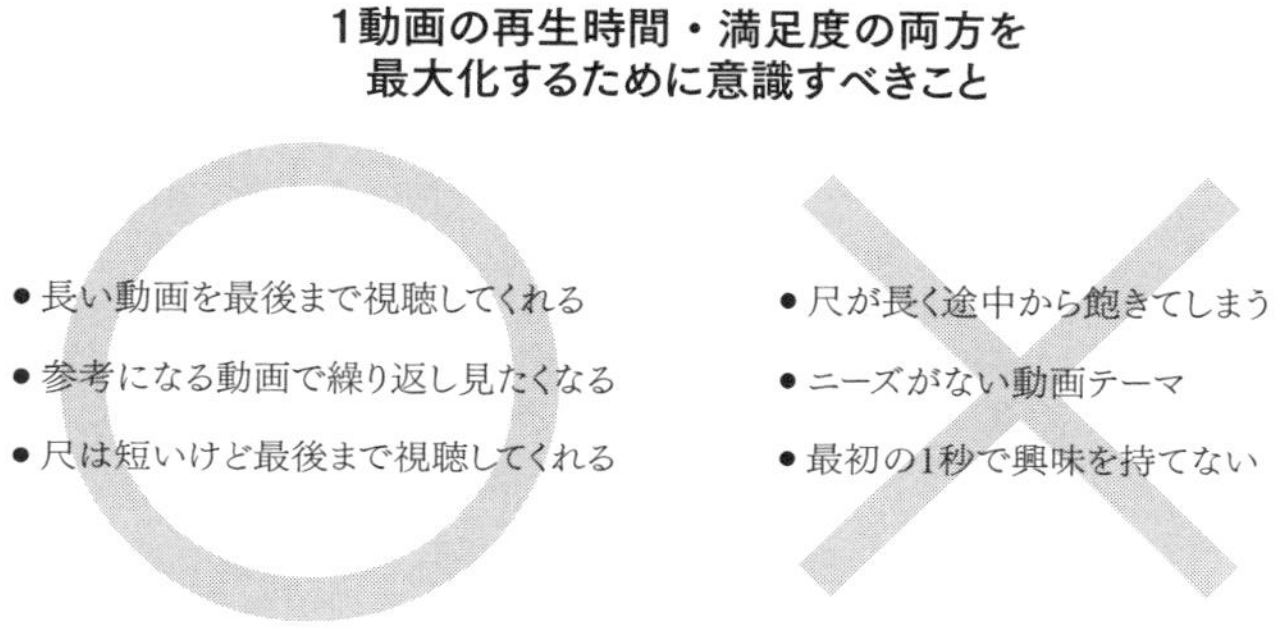
1動画の再生時間・満足度の両方を
最大化するために意識すべきこと
●長い動画を最後まで視聴してくれる
●参考になる動画で繰り返し見たくなる
●尺は短いけど最後まで視聴してくれる
●尺が長く途中から飽きてしまう
●ニーズがない動画テーマ
●最初の1秒で興味を持てない

↓広告収益を増やす

・広告収益を増やすためには……

↓動画プラットフォームの利用者数・利用時間を増やす

・動画プラットフォームの利用時間を増やすためには……

↓アクティブユーザー数×利用頻度×平均利用時間

・動画プラットフォームが求めているクリエイターの特徴とは

……

↓ユーザーを呼び込んでくれる

↓ユーザーを留めてくれる

・1動画の再生時間を最大化するためには、次の2つが重要

動画の尺×視聴完了率

尺の調整×最初の1秒で興味を引く×飽きさせない工夫

これらを総合すると、動画投稿者（クリエイター）は「1動画の再生時間・満足度の両方の最大化」を目指すべきでしょう。単に動画の尺を長くすればよいのではなく、「最後まで視聴してもらい、満足してもらうこと」を重視しましょう。

「最初の1秒で興味を引く」「飽きさせない工夫」として、再生回数の多い動画やチャンネルのフォーマットを参考にするのもおすすめです。

例えば、岡野タケシさんの「質問きてた！」や、ひろゆきさんの切り抜き動画のように、印象的なワードをサムネイルに用いて惹きつけるフォーマットは、定番ではありますが、どれも多くの再生数を獲得できています。なお、切り抜き動画を作成する場合は投稿者の許可なく行うと著作権侵害に該当しますので十分に気をつけてください。

「旦那ごはん（@danna_gohan31）」のショート動画の事例[9]をもとに、完全視聴を目指すノウハウを紹介します。

動画作成者の相良さんはこのように語ります。

> 再生回数を増やすために必要なことの一つに「完全視聴率を上げる」ことが挙げられます。

完全視聴するユーザーが増えることで、動画の総再生時間が伸び、AIに〝質の良いコンテンツ〟と判断され、レコメンドに載りやすくなります。とくに興味がないと思ったらすぐにスキップされてしまう最初の1~2秒が関門です。いかにこの再生直後で惹きつけ、完全視聴してもらうかがポイントです。

（完全視聴のために）最初の1~2秒で惹きつけるポイントは次の3つです

①自分が何者かアピールポイントを交えて語る＝ターゲットの関心を惹く

②完成形を冒頭で見せ、2秒以降で「完成までの道のり」を見せる＝最後まで見たくなる工夫

③魅力的なシーンを盛り込み、②の効果を強める（レシピであればシズル感を大事にする）

①については、「旦那のごはんで9kg痩せました」という実績を持つ人であることをアピールしています。②については、飽きさせないように0・5秒ごとにシーンを切り替える動画編集で、離脱防止の工夫をしています。このようなサクサクと見ていられる編集により、完全視聴されやすいかと思います。③については、細かな動画編集テクニックだけではなく、レシピ動画においては美味しそうに見える「シズル感」が重要なため、それが伝わるように

9 旦那ごはん（@danna_gohan31）動画作成者：相良奈都希
https://www.tiktok.com/@danna_gohan31/video/7192178184203422977

していることもポイントです。

ライブ配信の特徴

コロナ禍で「おうち時間」が増え、注目を集めたマーケティング施策が「ライブ配信」です。ライブ配信は、視聴ユーザーと深いコミュニケーションを取れることが一番の強みです。ほとんどのプラットフォームにはコメント投稿欄があるので、配信者がコメントに応答していけば、「自分もコメントしてみよう」と、コンテンツがどんどん盛り上がっていきます。人気のライブ配信者やブランドであれば、一回の配信をきっかけに〝商品が爆売れ〟なんてことも珍しくありません。ライブコマースについては第1章も参照してください。

ライブ配信には、次のような強みがあります。

- 動画編集が不要
- 最新情報がいち早く伝えられる
- 生っぽさがあり、リアルな感情をダイレクトに伝えられる
- 視聴者からリアルタイムで反応を得られる

演者のスキルに左右される点もありますが、よりわかりやすく商品の使用感や魅力を伝えられるため、売上への貢献も大きいと考えられます。

もちろん、ただライブ配信すればうまくいくというわけではありません。ライブ前・ライブ中・ライブ後のそれぞれに、押さえるべきポイントが存在します。

消費者行動から見るライブ施策

ライブ配信を視聴するユーザーの「よくあるネガティブな感想」をまとめました。

- 視聴開始した直後に離脱したくなる
- ライブ配信のテーマがよくわからない
- 途中から見た場合、いま何を紹介しているかよくわからない
- 話し方に抑揚がなく、単調でワクワクしない
- ライブ出演者がずっと棒立ちで、画面に変化がなく飽きてくる
- 出演者の声が小さくて聞き取りにくい
- 画質が粗い

・商品が全然見えない

大前提として、ユーザーはライブの最初から最後までじっくりと見ているわけではありません。途中で入ってくる人もいれば、興味ないと思った途端に離脱する人もいます。路上ライブをイメージするとよいでしょう。通りがかった人に注意を払ってもらい、ライブに引き込むことができなければ、そのまま素通りされてしまいます。

また、ライブ配信を「テレビショッピングに近い」と感じる方も多いかもしれません。**テレビと違ってスマホでの視聴のほうが、ユーザーが離脱しやすいということに注意しましょう。**リモコンを持ちながらテレビを見ているのと近い状態です。

ライブ配信もオンライン接客の一つだと捉えて、お客様に喜ばれるようなコミュニケーションを心がけましょう。続いて「ライブ前」「ライブ中」「ライブ後」の3つのフェーズに分けてライブ施策を成功させるポイントを紹介します。インスタライブを前提に解説していますが、スマートフォンでの視聴が前提となる、他のプラットフォームでも共通するポイントが多いでしょう。

ライブ前

ライブ配信において、事前準備は特に大切です。次の流れを意識しましょう。

- ライブ全体の流れを決めておく（本番で迷わないことが目的）
- ライブで取り上げる商品を選定する（ネットでも不安なく買いやすい商品か等）
- 商品ごとに何を伝えるか等、ざっくりした台本を作っておく
- 可能であれば事前に1～2回テスト撮影してみる
- テスト撮影した録画データを振り返り、改善するポイントを洗い出す

アパレルブランドなど、購買につながりやすい配信であれば、公式アカウントから出ているライブ告知画像を用いて、各スタッフがInstagramのストーリーズで拡散することも有効です。自身が出演する場合は、「質問」スタンプを使い事前にライブへの期待を高めましょう。

ECサイト上にライブ配信予定のバナー告知を行ったり、SNSアカウントやメールマガジンなどのチャネルも有効活用しましょう。社員がSNSを活用しているのであれば、公式アカウントの投稿をストーリーズでリポストして告知するなど、告知に使えるオウンドメディアも活用す

ることをおすすめします。

ブランドの顔となってるブランドディレクターやプレス、店舗の人気スタッフが出演するとなれば、お客様からすると「推しのオンライン接客のチャンス」となり、視聴動機を引き上げることができるでしょう。集客性も念頭に置いてキャスティングしてみましょう。

ライブ中

ライブが始まった際は、すぐ離脱する人を減らすために、また途中で参加したユーザーにも配信内容が伝わるように、固定コメントを設置するのがおすすめです。演者のキャラクターにもよりますが、参加してくれたら「Aさん参加ありがとう」と呼びかける方法もあります。

ライブコマースであれば、細かく商品の特徴、価格、サイズ感を伝えるほか、商品に近づいて撮影するなどして「今欲しい」と思わせる工夫を施せます。購入意向を引き上げるための３つのポイントを紹介します。

一つ目は、ユーザーにコメントや質問を呼びかける方法です。こまめにコメント返しをする、あるいは商品やサービスに対する懸念や不明点を質問してもらう。それに回答することで、買おうかなと迷っているユーザーが抱えるハードルを取り除いてあげることも出来ます。

二つ目は、ユーザーに「今買う理由」を伝えることです。例えば、次のようなものがあります。

- 数量限定
- 期間限定セールやクーポン
- 購入者特典（アパレルならば、人気スタッフと1on1Zoomでユーザーのクローゼットを見ながらおすすめアイテム紹介などの接客をしてもらえる等）

これら以外にも、熱心なユーザーにとっては「推しのスタッフが出演していて、喜んでほしいからライブ中に買う」という理由もあるでしょう。

三つ目は、基本的なことですが、**配信者がその商品のことを心からいいものだと思っていることが**重要です。好きがにじみ出ているかどうか、視聴者には簡単に見透かされます。想像してみてほしいのですが、ファンがたくさんついているKOL（Key Opinion Leader）が、愛を持ってユーザーの相談に親身に乗ってくれ、お客様一人ひとりに合った商品を推していれば購入したくなったり、迷っているアイテムを買う後押しになったりするでしょう。

出演者に熱意をもってトークしてもらうために、ライブ配信に出演したスタッフにインセンティブを与えるなど、ライブ配信での売上も加味した評価設計にすることもおすすめです。

ライブ後

ライブ配信後には録画をアップロードしたり、ライブ時に出演者と一緒に撮った写真やスタッフのコーデ画像のまとめ、特におすすめしたいアイテムなどを紹介していくことも大切です。出演スタッフと画像を撮り合い、スタッフアカウントで共同投稿することもおすすめです。

また、視聴者に対して「どんな感想を持ったか」などの質問をすることで、次のライブ配信の改善につなげましょう。

ライブ前から終了後まで、一貫してライブを起点にした投稿を実施し、積極的に視聴者とコミュニケーションを取っていきましょう。そうすることが、ライブ配信の効果の最大化につながります。

動画SNSでも大事なのは「何を目的に運用するか」

「接点の取りやすさ」「コンテンツの情報量」「コンテンツの資産性」においてそれぞれのSNSに特徴があります。

また、動画に対する評価が高ければ、公開から1年後でも検索などを通じて再生され続けるので、動画SNSはコンテンツの資産性も高いといえます。

ライブ配信については、コンテンツやコミュニケーションのリアルタイム性に高い価値がありますす。ライブなので、お祭り感、今ここの体験に価値があります。アーカイブ動画化によってフローからストックへの施策にも転換できますが、よっぽどのファンでないかぎり過去のライブ配信動画は再生されにくいでしょう。よってコンテンツの資産性は低いといえます。

よって、次のような使い分けが挙げられます。

- ショート動画

↓商品の認知拡大に活用

図表4–18　各SNS動画の特性

	長尺動画	ショート動画	ライブ配信
接点の取りやすさ	高い	とても高い	低い
コンテンツの情報量	とても多い	少ない	とても多い
コンテンツの資産性	とても高い	高い	低い
使い分けの例	認知拡大と、存分に商品を紹介することでブランド理解を深めたり、信頼を獲得したりする	認知拡大に活用	お祭り事として興味関心を集めたり、ライブ配信出演者の力による信頼の獲得と、その場での商品購入を促す

※あくまで目安であり、コンテンツの企画・構成によっても左右されます

- 長尺動画

↓認知拡大と、存分に商品を紹介することでブランド理解を深めたり、信頼を獲得したりする

- ライブ配信

↓お祭り事として興味関心を集めたり、ライブ配信出演者の力による信頼の獲得と、その場での商品購入を促す

いずれにせよ、大事なのは「何を目的に運用するか」です。

今後はメタバース上でのプロモーションに頭を悩ませるかもしれません。この場合も本質的な考え方は同じです。例えばメタバースであれば、立体的なデジタル空間を活かした商品の見せ方、コミュニティを通しての情報発信や体験、店舗と同じような接客などが強

みになるでしょう。販売員を通じた1対1の「あなたに向けた特別感」のあるデジタル接客では、顧客体験の濃さが特徴になります。

このようにフォーマットごとの強みを理解した上で、最適な使い分けをしていきましょう。

鉄則4のまとめ

- 習うより慣れろ。もしTikTokを使ったことがなければ今すぐ使ってみましょう
- ショート動画を作ってみましょう
- ライブ配信を見てみましょう

4-6 鉄則5 インフルエンサーはフォロワー数で選ばない

インフルエンサーマーケティングを成果につなげるために、まずはインフルエンサーが担う役割を理解しましょう。

インフルエンサーとは

インフルエンサーについても、改めて定義しておきましょう。要は「商品の購買に影響を与える人」です。KOL（Key Opinion Leader）とも呼ばれますが、「この人が言うんだったら本当に良いモノなんだろうな」と、〝お墨付き〟を与えられる人物を指します。

インフルエンサーの役割についても、トリプルメディアで整理すると活用シーンをつかみやすいです。

案件のインフルエンサー

インフルエンサーマーケティングという言葉からは、インフルエンサーに報酬を払って投稿してもらう、いわゆる「案件」「タイアップ投稿」「PR投稿」が思い浮かぶのではないでしょうか。これはペイドメディア的な活用です。

図表 4–19 トリプルメディアで分類したインフルエンサーの役割

分類	役割
オウンドメディア	社員インフルエンサー
アーンドメディア	リレーションを深めてUGC自然発生 （自分ごと化、良いクチコミ、推奨）
ペイドメディア	案件としての活用

SNSなどで見られる「PR案件」としてのインフルエンサーマーケティングは、商品とインフルエンサーの相性があります。フォロワー数が多いという理由でインフルエンサーに依頼したものの、得意分野ではなく購買につながらない……なんていう設計ミスもよくある話です。

例えば、日々プチプラコスメばかり紹介しているインフルエンサーが、急に高級飲食店を紹介したところで、信頼度に欠けます。日々ミシュラン星付きの飲食店に通っているインフルエンサーに、「高級店で損をしたくないならここがおすすめ！」と言ってもらった方が何倍も説得力があるわけです。

インフルエンサーの特徴と、商品やサービスで訴求したいポイントが上手くかみ合った場合は、大きく話題化します。その例として、第3章でも紹介したアメリカの老舗ソーセージブランドのジョンソンヴィルが行った、新商品のプロモーションの一環として取り組んだインフルエンサー施策を紹介します。

事例：商品と関連性の高いインフルエンサーを起用し、成功したジョンソンヴィル

アメリカの老舗ソーセージブランドのジョンソンヴィルは、２０２０年8月に、新商品のプロモーションの一環としてインフルエンサーマーケティングに取り組みました。アウトドア系料理で注目を集めた猟師のインフルエンサー、リロ氏を監修に迎えて、某タレントさん出演の動画を制作し、大きな反響を呼びました。

ジョンソンヴィルの商品は、元々輸入食品店や全国のスーパーマーケットで販売されていて、ジョンソンヴィルではこれまで、輸入食品店やスーパーマーケットの利用者を意識したF２層（35～49歳の女性）、F３層（50歳以上の女性）をターゲットにSNSマーケティングに取り組んできました。

新発売の1本包装のソーセージ（現在は終売）は全国の某コンビニチェーンでの販売となり、従来の商品とは形態も売場も異なります。コンビニで1本包装のソーセージを購入するのは男性層が多いと考えられたため、新たな層にリーチする必要がありました。

図表 4–20　UGC 創出のポイント（再掲）

商品・サービス文脈のUGC例

「〇〇が美味しくておすすめ」

「〇〇の本、最高だった」

「〇〇で肌がキレイになった!」

「〇〇のパッケージかわいい!」

コミュニケーション文脈のUGC例

「〇〇のこのCM、感動した!」

「〇〇の広告、共感した!」

「〇〇に出てるタレント、カッコいい〜」


「言及在庫メソッド」でも振れたように、UGCには「商品・サービス文脈」と「コミュニケーション文脈」が存在します。ジョンソンヴィルを例に挙げると、それぞれ次のような内容になります。

- 商品・サービス文脈のUGC↓「ジョンソンヴィルを買ってみた」
- コミュニケーション文脈のUGC↓「ジョンソンヴィルのインスタを見るとお腹がすく……」

このプロジェクトでは、製品を軸とした文脈だけでなく、コミュニケーション文脈での話題化も必要だと考えました。そこで、文脈の入り口を広げるために、インフルエンサーに制作を依頼した動画をキャンペーンに活用することにしました。

過去の投稿などから、新商品との関連性の高いインフルエンサーを起用することを目的に人選し、リロ氏を抜擢しました。

彼は豪快な料理動画で人気を集めるインフルエンサーで、過去にジョンソンヴィルを用いた動画で話題になっています。

リロ氏にPR動画を投稿してもらえば、彼のファンを中心に瞬間的な認知は獲得できると予想できましたが、より一層のユーザーの購買行動につなげたいと考えました。そこで、リロ氏の投稿により生じるUGCを火付け役としながら、その後、ジョンソンヴィル社のTwitterアカウントからリロ氏の動画を再現した動画を投稿しました。

ホットリンクが行ったデータ分析から、リロ氏の動画を拡散したユーザーは「ゲーム好きな層」であったことが判明します。再現動画には「ゲーム好きな層」と親和性のある某タレントさんをキャスティングしました。「リロ氏の動画にこのタレントが！」とリロ氏のファンを驚かせつつ、そのタレントさんをきっかけに商品を知る層へのアプローチを図りました。

2020年8月20日にリロ氏による告知投稿を実施すると、翌日には、これまでで最も高い話題量を記録します。8月21〜25日に、ジョンソンヴィル社のTwitterアカウントから再現動画を3本広告配信し、話題化を後押ししました。その結果、非常に多くの画像付きUGCが発生しました。

図表 4–21　ジョンソンヴィルの言及数（RT 含む）／ UGC 数

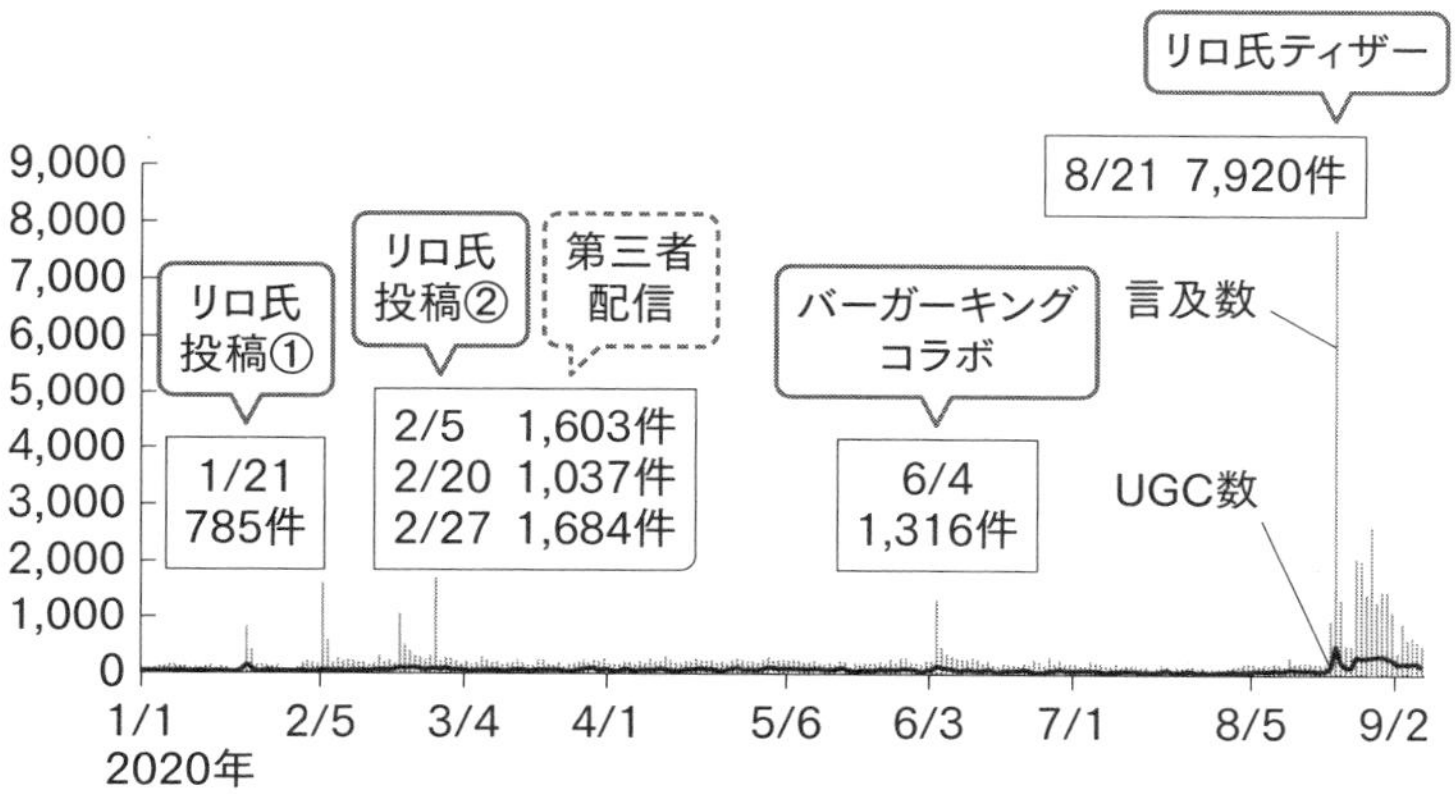

中には、調理風景など動画を真似た形式の投稿や、リロ氏やタレントさんをきっかけとするUGCも見られました。当初の狙い通り、初めてジョンソンヴィルを知り買って食べたユーザーによるUGCも多く発生しました。

当時のジョンソンヴィル社のマーケティング担当者は、次のように振り返っています。

> リロ氏の施策で一番学んだことが、インフルエンサーとブランドのシナジーでしたね。インフルエンサーの方々は、〝自分のブランドはこうだ〟という世界観を持っています。そこを尊重して効果を最大化するために、リロ氏が普段投稿しているフォーマットを（ワイルドな雰囲気で、ホットサンドメーカーで調理する）、そのまま踏襲した動画にし

ました。彼の魅力を存分に発揮してもらったので、ジョンソンヴィルをより良い形で見せることができたと思います。さらに、タレントさんのおかげで、意図通りに入り口を大きく広げることもできました。このプロダクトのおかげで、今までジョンソンヴィルに手を出したことがなかった層にもリーチできました。

自社に適した「本物のインフルエンサー」を見極める

インフルエンサーをキャスティングするプラットフォームが増えていますが、〝アフィリエイター汚染〟にも注意が必要です。例えば、キャスティングプラットフォームへの登録基準が「フォロワー1万人以上」であっても、フォロワーの質やフォロワーを増やす手段が問われないのであれば、この1万人という数字は簡単に達成できるものです。

アフィリエイターが商品を紹介するごとに「フォロワー数×0・1円」の収入が得られるとしたら、サクッと1000円稼げることになります。それを目当てにした実績のないアフィリエイターたちが、キャスティングプラットフォーム上にいるかもしれません。「この人は本当に自社商品に好影響を与えらえる人物か?」を判断するためには、「本物」を見分けるための丁寧なコミュニケーションや、分析ツールなどを使ってフォロワーの質をシビアに解析していかなければなりません。

社員インフルエンサーの活用

オウンドメディアは「自身の（own）」という名が付く通り、〝会社が所有し、管理しているメディア〟を指します。自社のWebサイト、自社のブログなどが一般的な例になりますが、昨今は、社長や社員が自らSNSで発信してインフルエンサーになり、オウンドメディアのような役割を果たすケースも出てきています。

昨今のアパレル業界、化粧品メーカーでは、社員がインフルエンサーとして、顔を出してテキストや写真、動画コンテンツを投稿することが多くなっています。

これは、いわば〝次世代接客〟と呼べるものでしょう。SNSのおかげで、オンライン上で接客する店員自身のキャラクターを印象づけられますし、直接ECへと誘導することも可能になりました。

社員インフルエンサーは、アパレルや美容業界のように、スタッフ個人に指名が来るビジネスとの相性がいいでしょう。なお、社員のインフルエンサー化を進めていても、SNSにお客さん

図表 4–22　社員インフルエンサーが SNS を活用する目的

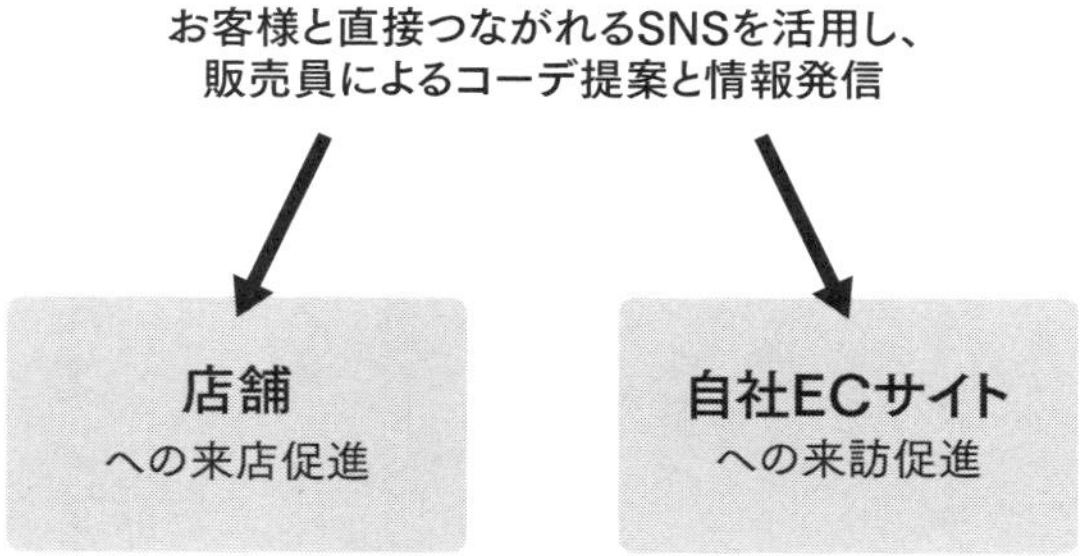

がいなければ効果は期待できません。大切なのは、情報を届けたい相手がどこにいるかです。

次世代接客の事例として、ＬＩＮＥのビデオ通話を活用する〝新しい接客〟もあります。ＬＩＮＥを活用して顧客のクローゼットを見せてもらい、「なるほど。こういったお洋服がお好みなんですね。じゃあこちらのアイテムはどうでしょうか？」「こういったお洋服もワードローブに加えたらどうでしょう？」といった例も増えてきています。

社員インフルエンサーならではの特性もあります。例えば、美しく神秘的なビジュアルを中心に発信しているファッションブランドの公式アカウントから、「マフラーの巻き方」のような How to 系の投稿をすると、ブランドとして守りたい世界観とは離れた野暮ったい印象を与えてしまうかもしれません。

そんなときに、社員インフルエンサーであるスタッフのアカウ

図表 4–23　役割整理

	コンテンツの特性	UGCの出やすさ	コンテンツ幅
ブランド型	ブランドの世界観	○	世界観 単アイテム
ECモール型	複数ブランドの紹介	×	ハウツー カテゴリごとの紹介
スタッフスナップ型	ブランドのスタッフコーデ リアルな着こなし	△	コーデ スタッフ独自のセンス
スタッフアカウント型	ライフスタイル	○	スタッフ独自のセンス 人柄

ントからHow to系の発信をすれば、野暮ったい印象の問題は解消しやすいです。見た人は実践してみたくなり、投稿の中で使われているマフラーやブランド自体も好印象を持たれます。公式アカウントとは異なる世界観の投稿ができるのが、社員アカウントおよび社員インフルエンサーの強みといえるでしょう。

「社員にファンが付く」というのは、ショップにとってプラスに働く場合が多いと考えられます。「この人みたいになりたいから、この人が着ている服が欲しい」という購買欲を刺激するのはもちろん、ショップとの〝接点〟を増やしていける利点もあります。

SNSで、ショップアカウントと、そのスタッフさんを2人ほどフォローすると、プラットフォームのAIがそのショップおすすめの最新ダウンジャケットなど関連アウターをレコメンドすることもあります。例えばInstagramだと、虫眼鏡アイコンの「検索」を押しただけで、自分好みの投稿が出てくることでしょう。

近年ではポピュラーになった、機械学習による波及効果のカギを握っているのが、ここで取り上げている「社員インフルエンサー」なのです。

また、美容業界も社員インフルエンサーと相性が良いです。Instagramでの発信に注力したことで、フォロワー数が10倍、売上が144%アップした人気美容師・武者ひなのさんの事例をご紹介します。

事例：Instagramをきっかけに売上アップを実現した美容師

社員インフルエンサーと聞くと新しい取り組みのように感じるかもしれませんが、美容業界ではベーシックな取り組みになりつつあります。Instagramで発信をしている美容師はとても多く、激戦状態といっても過言ではありません。その中でも、Instagramのフォロワー数1・2万人（2023年1月時点）を誇る武者ひなのさんは、「韓国好き女性からの支持No.1」との呼び声が高い美容師で、多いときでは月60人の新規予約が入るそうです。

武者さんは、フォロワー数の増加とともに、個人の売上も増加していきました。2020年12月の売上は約70万円で、新規の顧客数は約20人でした。Instagram経由の顧客は半数もおらず、ホットペッパーやHPからの問い合わせがほとんどでした。しかし、2021年夏には新規の顧客数は約60人まで伸び、その後も毎月40人前後の新規来店があります。売上に関しても、2021年12月には約170万円まで伸長しました。

武者さんは、印象的だったというSNS活用に関する講習会での学びについて、このように語ります。

> Instagramでのブランディング方法を知ったことが、成長の要因として大きいですね。講習会に参加する以前は、毎日いろいろな投稿を試していましたが、フォロワーがなかなか増えなくて。何で伸びないんだろう、何が悪いんだろうと悩んでいましたが、講習会を通じて、〝投稿内容を一つのカテゴリーに絞る〟ということを学びました。忠実に実行したことで、一気にフォロワー数を伸ばすことができました。

武者さんの成長を陰で支えたのは、ヘアケアメーカーのミルボンです。同社経営戦略部の池田龍正さんは取り組みの経緯としてこう語ります。

弊社SNSアカウントによる拡散やリポスト等で、美容師さんのSNSアカウントの発信をサポートすることで、エンドユーザーとの接点を増やし、ミルボンブランドの認知拡大につなげる目的がありました。また、美容師さんのアカウントのフォロワーを増やす支援をしたいと、2020年の秋頃からSNSに特化した講習会を始めました。講習会の開催以外にも、投稿にフィードバックするなど、約140人の美容師さんに伴走してきました。

美容師さんの大半は、自身が発信するコンテンツに飽きてしまって、色々なジャンルの投稿をしてしまうため、ブランディングの軸がブレがちです。それではなかなか集客につながりません。そのため、もともと武者さんが得意としていたハイトーンロングと韓国ヘアを掛け合わせた投稿を提案しました。武者さんの投稿は2、3回で一気に伸びたんですよ。ご自身も投稿のコツをつかんだようなので、ひたすら続けていただき、弊社では投稿を継続できるようフォローしました。

このような投稿を続けたことで日に日にフォロワーが増加し、武者さんは「韓国風のヘアスタイルにしてくれる美容師」として認知されました。

フォロワー数や売上の増加について、武者さんはこのように語ります。

お客様がたくさん来てくださるようになって強く感じたのは、〝メディアが一つだけだと、見られる頻度が少ない〟ということでした。Instagramを頑張ったおかげで、ホットペッパーでヘアアレンジをたくさんアップしたり、ブログを頻繁にアップしたりしていたときよりも、新規のお客様がすごく増えました。集客サイトだけ、Instagramだけ頑張るのではなく、両方を組み合わせたことでいい結果が得られたんだと思います。

SNSで〝すてきだな〟と感じる美容師を見かけて、実際にどんなスタイリングをしているか知る受け皿を集客サイトが担っています。加えて、SNSで「自分の得意なジャンルを見せる」のも、すごく重要だと思います。

私はフォロワーさんに〝韓国風のヘアスタイルにしてくれる人〟として認知されています。SNSで〝この人はどんな美容師か〟がパッとわかるコンテンツを発信すると、見られる回数が増え、お客様に指名していただける確率が高まるのかなと思います。

社員インフルエンサーが増えてきている中で、より際立つには、ブランディングの設計が重要だということがわかる事例でした。また、実行力も本当に重要です。前述の池田さんはこのように語ります。

一定数のフォロワーを獲得するまでは、〝○○のヘアスタイルにしてくれる美容師〟として認知されるように、コンテンツの方向性を定め、継続的に投稿していく必要があります。投稿をサボると、SNS上での存在感はどんどん薄れてしまいます。SNSを活用して売上を伸長させられるのは、やはり「ちゃんと発信する人」「投稿する人」です。SNSブランディングの設計と実行力の両輪を意識して取り組んでいきましょう。

頑張りが報われる評価設計になっているか

SNSで人気が出て〝カリスマ店員〟のようになったとしても、店舗の売上の部分だけが評価対象になっているのであれば、投稿を頑張ろうとは思わないでしょう。そうした人たちは、店舗だけじゃなく、ECサイトの売上にも貢献しているはずなので、SNSの投稿数、紹介している商品の売れ行きなども評価に組み込んで、インセンティブを設けるべきです。SNSは日々変化しているので、それに合わせて人事評価も見直していく必要があります。

社員インフルエンサーには「独立リスク」がある

社員インフルエンサー活用にはリスクもあります。それは「独立」です。

フォロワーが増えて、自らの力で集客できることがわかれば、個人でビジネスする道が見えてくることでしょう。その場合は、例えば会社側から「独立を応援するし、資本金も出したい。だから、株の20%を持たせてほしい」と資本関係を提案し、利益を分かち合う道もあります。

マッキンゼーのアルムナイ（卒業生）やリクルートのOB・OGネットワークでは、互いの会社から案件を依頼したり、リファラル（紹介・推薦）採用で人材を送り込んでもらったりするなど、うまくメリットを分かち合う関係性が構築されています。

また、販売員よりも高い給与で、その社員のプロデュースによるD2Cブランドを作ったり、子会社の役員に抜擢するという仕組みもあるようです。

インフルエンサーからの自然発生的な発信

一方で、忘れられがちなのがアーンドメディアです。インフルエンサーとの関わりは企業案件だけではありません。本当に好きなら案件じゃなくともインフルエンサーと呼ばれる方々は自発的に発信、宣伝します。インフルエンサーによる自然発生的な情報発信が、信頼や評判を獲得（earn）し積み上げていけるメディアにもなるのです。

フリー（無料）パブリシティとなると、インフルエンサー側に編集権や投稿する・しないの自由が生まれるので、コントロールは難しくなりますが、企業側にも工夫できるポイントはあります。

それはリレーションシップ（関係構築）を図ることです。

アパレル業界を例に挙げると、企業が展示会にインフルエンサーを招待し、誰よりも早く新作を手に入れてもらい、自発的にＳＮＳへ投稿してもらうといった施策があります。インフルエンサーによる投稿後、そのインフルエンサーのフォロワーは「この新アイテムが発売されたら、すぐに手に入れたい！」と購買欲が刺激され、売上アップにつながるでしょう。

また、アパレル業界の別の事例として、某大手アパレル企業の施策を紹介します。同社はベーシックな服をアップデートさせたラインを発売し、それを著名なファッション系YouTuberが続々と紹介しました。

YouTuberたちは「このパーカーのフードの内側は洗濯したあと乾きやすいように、ポリエステルの混率を変えて、乾きやすくしていて……」など、こだわりを細かく解説しました。それを聞いて「この価格帯でもこんなに作り込まれたものもあるんだ。今度店頭に行ってみよう」となる視聴者もいるでしょう。発信するYouTuberにとっても、大手アパレルブランドという多くの人の興味を引きやすいワードでアクセス流入が見込めるので、企業側から案件として依頼をされなくても、率先して（無料で）取り上げていきます。

この企業では、日頃からインフルエンサーに対して新商品の情報や新商品そのものの提供を行っているのでしょう。

企業によっては、インフルエンサーに動いてほしいという目的が見えづらい施策があるでしょう。「とてもリッチなコンテンツを作っているけど……バズってないし、これって意味あるの？」と思うオウンドメディアもあるでしょう。それは、インフルエンサーや影響力のあるステークホルダーに見てもらい、取り上げてもらうために、丁寧に作り込んでいるのかもしれません。**一見するとバズりそうにないコンテンツが、インフルエンサーを通じてバズるかもしれないのです。**これも1対nでバズらせたりSEOを狙っているだけではなく、N対nの情報伝播を狙ったコンテンツマーケティングです。

鉄則5のまとめ

- フォロワー数だけでインフルエンサーをキャスティングしていないか振り返りましょう
- 自社にとってのインフルエンサーに目星をつけてリストを作ってみよう
- 社長SNSアカウントの活用や、社員インフルエンサー活用の余地を模索してみましょう

4-7 鉄則6 プラットフォームごとの「法律」が変われば対策も変える

情報は「フォローする」から「レコメンドされる」へ

mixi や Facebook などのSNSは、基本的には友達登録をして友だちの近況の情報を得るSNSでした。また、Twitter をはじめ、気になるアカウントをフォローして手に入れるものでした。ブラウザのブックマークなどと似ています。よく見るホームページはブックマークしておこう、RSSリーダーに登録しておいてそこから情報を得よう、という行動に近いです。

その流れが大きく変わりつつあります。現在はレコメンド主体のSNS・デジタルプラットフォームが台頭してきています。その代表格が TikTok です。TikTok はショート動画×レコメンドというパワーのかけ合わせで急成長しているプラットフォームです。世界のアプリダウンロードランキング1位になったり、Cloudflare《クラウドフレア》が発表した2021年のトラフィックランキング（サイト訪問数）によればグーグルを抜いたという調査結果[10]もありました。

レコメンド主体になっていくと、Twitter にせよ Instagram にせよ、**フォロワーが1000人い**

たとしても、自分の投稿が1000人全員に届くわけではないのです。プラットフォームに投稿するユーザーが増え情報量が多くなると、飛び交う情報の質も玉石混交になります。収益性を重視するプラットフォーマーとしては、ユーザーに使い続けてもらうため、なるべく「良いコンテンツ」を流したいわけです。こうして、「良いコンテンツ」をピックアップするようなレコメンドの流れがとても大きくなっています。

「いかにレコメンドシステムAIとうまく付き合っていくか」という問いはメディア活用においで避けて通れません。フォロー・フォロワー関係の終焉を迎えるかもしれません。Twitterではフォローのタブが残っているように、完全には消えずレコメンドの比重が高くなっていくのが予想されます。

YouTubeやTikTokなどでレコメンドの興味深い例として挙げられるのが、「切り抜き動画」です。ひろゆきさんの動画が代表的ですね。これはひろゆきさん自身が切り抜きのチャンネルを運用しているわけでなく、元の生配信をうまく切り抜いた動画を「切り抜きさん」と呼ばれる投稿主に自由に投稿してもらっているのです。

10 In 2021, the Internet went for TikTok, space and beyond（The Cloudflare Blog 公開日：2021年12月21日）https://blog.cloudflare.com/popular-domains-year-in-review-2021/

ユーザーがひろゆきさんの切り抜き動画を視聴することで、YouTubeのAIが「この人はこのひろゆきさんの切り抜き動画が好きなんだ」と学習し、いろいろな切り抜きがおすすめに流れていきます。そうやって、だんだんとひろゆきさんは公式チャンネル以外にも切り抜き動画を通じてユーザーと接点を取れるようになるわけです。レコメンド主体のアルゴリズムに乗っかった打ち手として、切り抜き動画があるのでしょう。

これまでのデジタルマーケティングでの情報発信では、グーグルの検索結果へのSEO対策や検索連動型広告などの検索技術が中心でした。**今後のデジタルマーケティングでは、検索に加え「レコメンデーション（推薦技術）をうまく乗りこなす」ことが求められるでしょう。**この観点がないと、「一生懸命投稿している」「自分は良いコンテンツだと思っている」「なのに、一向にレコメンドされない」ということが起きかねません。

レコメンドの理解がないと起き得る失敗例1

例えば、転職に関するYouTubeチャンネルを開設していたとしましょう。再生数をより伸ばすために少しテーマを広げて、料理動画を投稿し、それが大きくハネたケースがあるとします。その結果、転職に興味・関心のある人たち以外が集まってしまいました。すると、次の動画からはクリック率が大きく落ちてしまい、アカウント自体が死に体になってしまうわけです。

これはYouTubeのショート動画でもいえるでしょう。流行っているからといってショート動画に投稿を集中してしまった結果、長尺動画がまったく観られなくなるという現象が起きています。コンテンツのフォーマットが違うため、片方が観られても、もう片方は観られなくなってしまうのです。

レコメンドの理解がないと起き得る失敗例2

日頃あまり関係性のない人と、業務連絡のためにSNS上でDMをしました。そのやりとりをAIが「関係性が近い」と判断し、プライベートコンテンツがフィードに流れてくるというアルゴリズムによる誤解も観察されています。

プライベートとビジネスでアカウントを分けないで使い続けると、プラットフォームのAIに望ましい学習データを与えられなくなってしまうことがあるのです。

例えば、NetflixやSpotifyのアカウントを家族で共有した結果、レコメンドの体験が悪くなってしまうこともあります。こうした個人の失敗は、結構起こっているのではないでしょうか。かくいう筆者も、甥っ子が自宅に遊びに来たときに、私のYouTubeアカウントで子ども向け動画を視聴し続けた結果、甥っ子が帰ってからも私のYouTubeアカウントにはアンパンマン関連の商品がたくさんレコメンドされるようになりました。こうしたことは、よく起きているのではないでしょうか。

レコメンドの理解がないと起き得る失敗例3

アルゴリズムによるフィードバックループをうまくつかむことが重要です。フィードバックループには、正のものも負のものもあります。ここでは、負のものを論じます。簡潔にいうと、「反応の薄い投稿は、ますます見られなくなる」ということです。

代表例は、「Twitter でURLつきの記事紹介ばかりを投稿するアカウントです。ユーザーがプラットフォームの外に出てしまうURL付き投稿は、レコメンド配信が絞られる傾向にあります。ユーザーが外に出ることで、プラットフォームの滞在時間が減り、広告への接触が減ってしまう……そうした投稿はプラットフォームにとって得にならないためです。

その結果、そうした投稿者は1投稿あたりのインプレッション数が減ります。当然ながら「いいね」もあまりつかないため、たとえフォロワーが1万人いたとしても、500人程度にしか配信されない、ということが起こりえます。

投稿があっても他者の反応が少ない、ならばこのユーザーの投稿自体に価値がない。他者のタイムラインに乗せないようにしよう……投稿単位のペナルティが、やがてアカウント単位のペナルティに拡大していく危険があるわけです。これが「負のフィードバックループ」です。

Instagramなどのレコメンド主体のSNSにおいては、いかに「おすすめ」に載るかの学習データを得られるかがカギになります。いかに「いいね！」してもらうか、いかにコメントしてもらうか、いかにじっくり観られる投稿を作るか……結果、複数の画像を投稿したり、動画を乗せるなどの手法も考えられます。

プラットフォームのアルゴリズム変動への対応

そもそも、なぜプラットフォーマーはアルゴリズムを変更するのでしょうか。それは収益性を高めたいからです。言い換えれば、新しい広告商品を作ったり、さらにユーザーを集めたいということです。プラットフォーマーもコンテンツの集まり具合やユーザー獲得の具体、さらには競争環境や収益状況を踏まえてどんどん変化するものです。つまり、企業側がアルゴリズムの変動に振り回されるということは逃れられない宿命なのです。

一方で、細かいアルゴリズムに対応することは、投下するリソースに対してリターンが見合わないかもしれません。テストの点数に例えると現状で95点の人が97点を目指すようなケースです。また、現段階で30点しか取っていないような投稿をしている人は、2点や3点分点数を上げるテクニックを使うよりも、真っ当に消費者理解を積み重ねてユーザーにとっての価値をとことん感じてもらえるような提案の投稿をする、あるいはクリエイティブを磨き上げていくなど、当たり前のことを徹底するほうがいいかもしれません。

アルゴリズムへの向き合い方の基本的な考え方としては、**プラットフォーマーと肩を組み、ユーザーに向けて価値を届けるという姿勢**で臨むとよいでしょう。これまで筆者は長年SEO対策に携わってきましたが、この考え方はSEOもSNSも動画プラットフォームもそれほど変わらないと捉えています。

プラットフォームのアルゴリズム変動対応に関して、企業が意識すべきポイントを2つ紹介します。

ポイント①だんだんとオウンドメディアの露出量を減らされる

代表例が、Facebookの「エッジランク」です。現在のFacebookは、ユーザーが他者の投稿に「いいね！」などのエンゲージメントを行わなかったり、深く様子を見てみようとプロフィールを覗きに行かなかったり、メッセージを送らなかったりすると、表示上の優先順位を下げられます。結果、その人と友達になっているのに、タイムラインに出現しなくなることがあります。

こういう会話もあるかもしれません。「昨日、Facebookでこういう投稿したけど見た？」「全然流れてこなかったよ」「え、私の友達登録外したの……？」。友達登録は外れていないにもかかわらず、過去に友達の投稿に対して全然エンゲージメントしていなかったために、エッジランクによってタイムラインに出てこなかったことが考えられます。

また、Facebookに限らず、どのSNSもだんだんとオウンドメディアの露出量を減らされていきます。オウンドメディアの露出量を減らす目的は、プラットフォームの広告枠を増やすためだと考えています。理解を助けるために「トリプルメディアパラメーター」という考え方を紹介します。

図表 4–24 アルゴリズムは「国家の法」

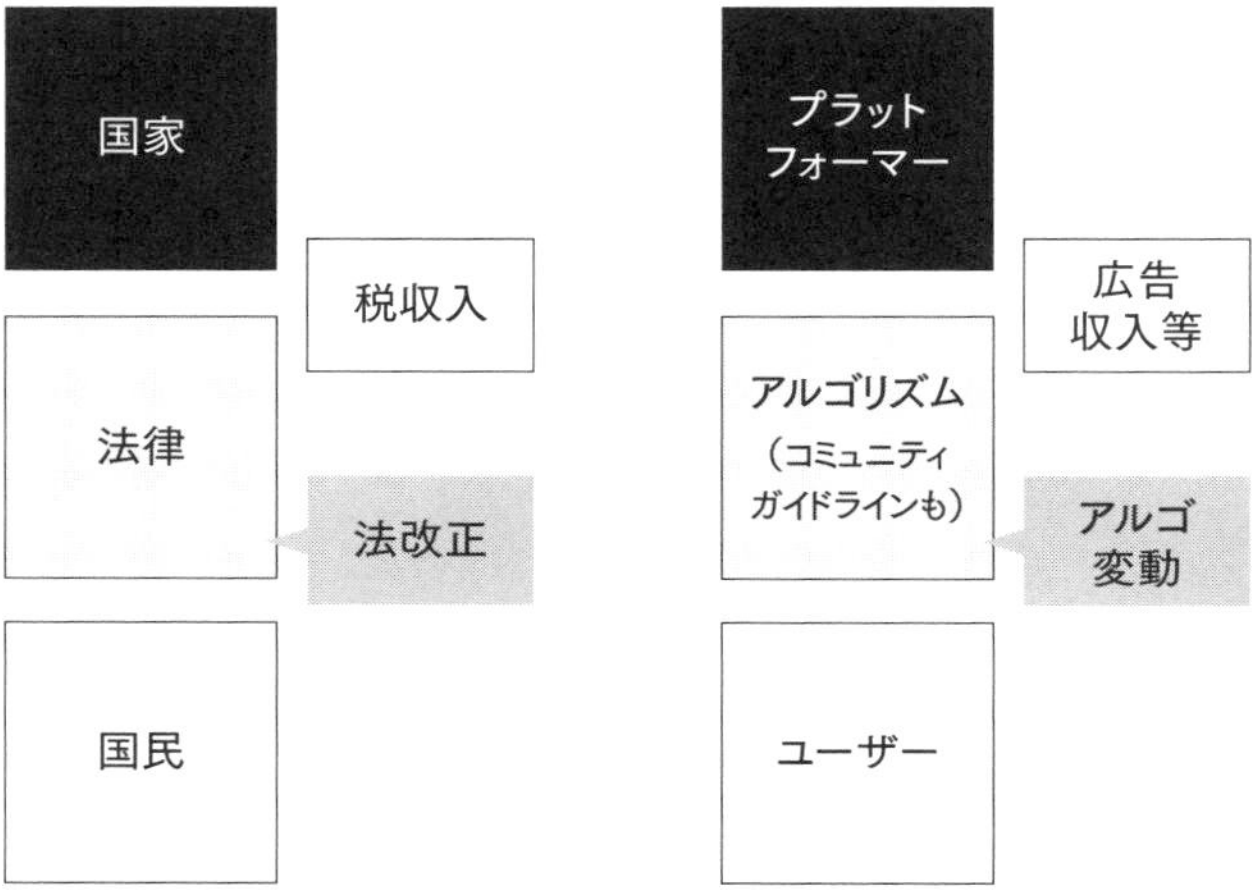

まず、アルゴリズム変動は、「法改正」みたいなものだと捉えましょう。

そして、現状のアルゴリズムでは、公式アカウント運用の発信（オウンドメディア）で得られる成果はこのくらい（図表4－25上）だとします。

アルゴリズム変動により、公式アカウント運用の発信（オウンドメディア）が減らされてしまいます（図表4－25中）。プラットフォームの思惑として、プラットフォームの広告枠を増やすために、「これまでと同じように発信量が欲しかったら広告出稿で補塡してね」というメッセージなのだと思っています。

そうして、アルゴリズム変動に飲まれるままでは、無料で得られるメディア効果が減り続け

図表 4–25　トリプルメディアパラメーター

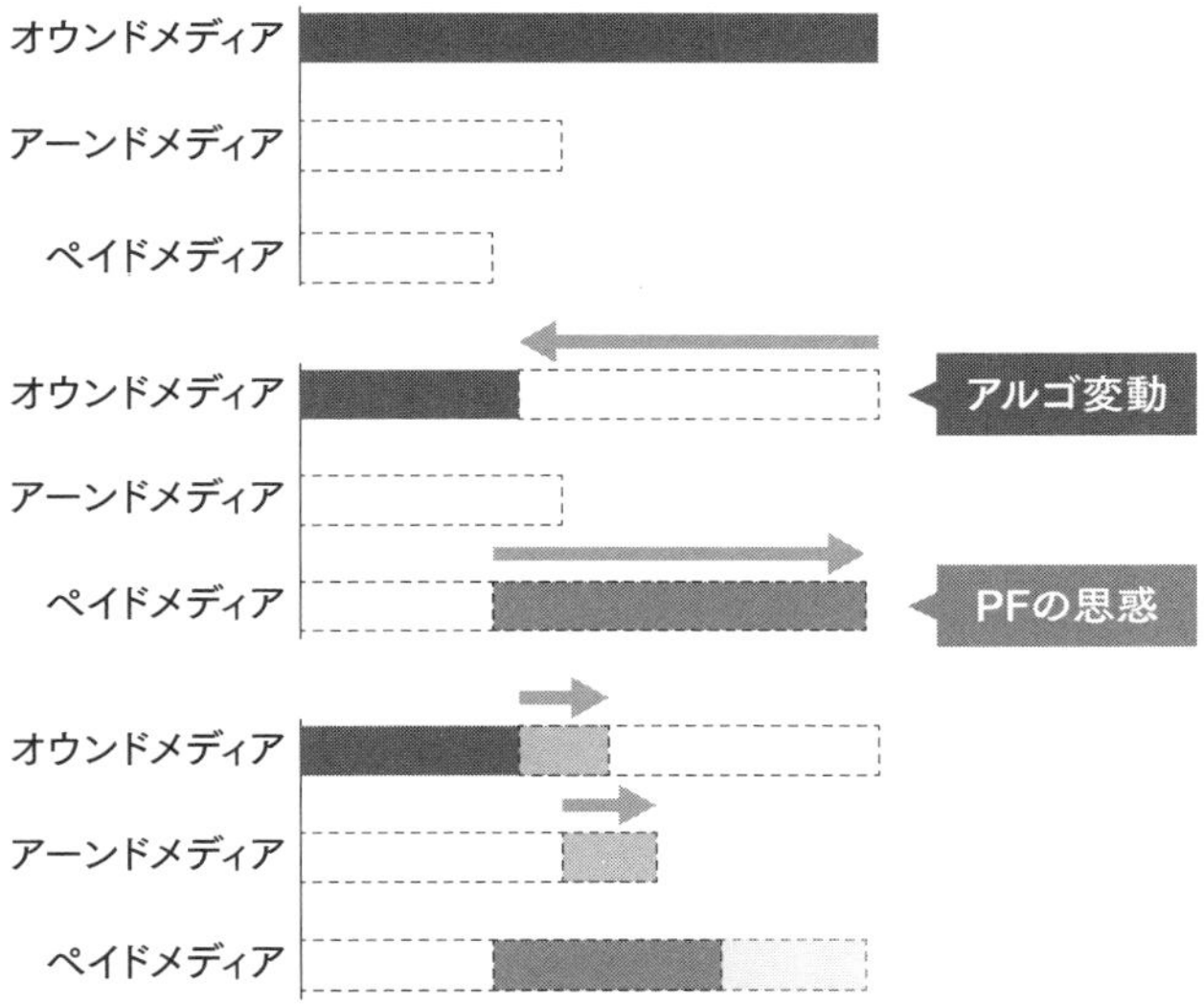

ていきます。挽回しようにも広告のコストが高まっていきます。

「オウンドメディアの露出量を減らされる」ことの対策としては、最適な広告出稿量の追加投資以外にも、公式アカウントの投稿のエンゲージメントを高めることと、UGC数を増やすことです（図表4－25下）。ユーザーからたくさんの評価を得られるようなコンテンツは、ユーザーのプラットフォームの継続利用にもつながるため、引き続きプラットフォーム上で露出されていくためです。UGC発信のアーンドメディアの活用にも改めて目を向けて、改善余地を見つけていくことも良い対策です。

エンゲージメントを高めるテクニック

「Twitter であれば「URL投稿はしないようにしよう」」、Instagram であれば「価値ある投稿として評価の重み付けが高いと思われる〝保存数〟を伸ばしていこう」「画像を1枚だけ投稿するのではなく、6枚くらい画像をつけて、1投稿あたりの情報量を多くしよう」「コンテンツの質の評価が高まってきたので、毎日投稿の方針をやめて、週に2回〝一球入魂の投稿〟をしよう」といった調整を図りましょう。

動画であれば、「初めの1秒でスワイプされていないか。完全視聴されていないか」や「何度も繰り返し見られているか」「投稿に対するコメントが活発だ」などが、プラットフォームのアルゴリズムが良いコンテンツかどうかを見分けるポイントです。日々の投稿で意識してみると良いでしょう。普通のコンテンツだけではなかなか競争に勝てるようになってはいません。難しい競争に勝つための質を追求しましょう。

動画のエンゲージメントを高めるには「完全視聴」や「コメント」などもカギです。これを応用して、例えば15秒動画なら冒頭に「衝撃の結末！」「詳しくはコメント欄で」など完全視聴やコメント投稿をうながす工夫をするケースはよく観られます。

あるいは、社長アカウントだったり、アパレルやコスメなら店舗の販売員のアカウントといった公式アカウント以外の発信も重要です。これらも、AIの機械学習の観点ではプラスに働いているはずです。なぜなら、公式アカウントでもスナップアカウントでも、ユーザーが同じような投稿を見ることによって、AIは「この人が好きなのはこういうジャンルだ」「このブランドに興味・関心があるんだな」と学習するためです。結果的に他の投稿もおすすめ欄に乗りやすくなる可能性があるため、複数接点から学習データを増やすという手法もあります。

ポイント②ボーナスタイムには乗っかる

「ボーナスタイム」とは、アルゴリズムによる優遇措置を受けられる期間のことをそう呼んでいます。

Instagramであれば、TikTokに対抗したReelという機能を作っています。一時期のFacebookでは動画投稿をしたらボーナスタイムのように表示が増えたケースもありますし、Facebook Article（現在は廃止）という機能が優先的に表示されることもありました。

グーグル検索におけるSEOではナレッジパネルの存在があります。ナレッジパネルとは、人、場所、組織、物事などでグーグル検索結果に表示される情報ボックスのことで、ページに飛ばずとも検索結果の画面内で一定のファクト情報を得ることができます。ナレッジパネルとして情報を活用されれば、目立つ位置に掲載されるため、そこからのWebサイト流入が期待できます。ナレッジパネルを出すことによって世界中のWebマスターからファクト情報を集めようとしているのです。

プラットフォームによっては、優遇措置を受けやすい投稿もあります。新機能が出てきた時はボーナスタイムです。投稿してくれるユーザーを優遇するような措置が取られているため、乗っかることが得策です。

鉄則6のまとめ

- アルゴリズムに逆らうような投稿やコミュニケーションになっていないか確かめよう
- アルゴリズム変動は予知できる部分もある。目先の変動に左右されすぎないようにしよう
- 優遇措置を存分に受けられるような施策に取り組もう

4-8 鉄則7 組織のスキルアップがSNSマーケティングを成功させる

「SNSマーケティングスキルマップ」で戦略と実行をつなぐ

戦略や施策の話をしてきましたが、ここからは「どのように組織を作っていくか」について述べていきます。

まず、今はソーシャルメディアを広範囲かつ複合的に見られる人材が足りていないと感じます。専門性があること自体は悪いことではないですが、例えば「Instagramのアルゴリズムの変化が……」といった、専門性がありすぎる場合は局所的な解決策しか出すことができず、全体を見ることができません。

SNSマーケティングの実践において、どんな専門知識を学べばいいのでしょうか。次に掲げる、「SNSマーケティングスキルマップ」（図表4-26）が参考になるでしょう。「ベーススキル」「コミュニケーション」「SNSのトリプルメディア別活用」の順に解説します。

ベーススキル

［ソーシャルリスニング］

ＳＮＳを通じた消費者理解のことです。ＳＮＳ投稿からは消費者に関するさまざまなことがわかります。ＳＮＳ特有のクラスタ理解もこちらに含まれます。クラスタとは「集団」「群れ」の意味で、ＳＮＳでは同じ興味関心を持つ者同士で交流ができます。アイドルクラスタ、サッカークラスタ、アニメクラスタなどがあります。「言及在庫メソッド」でいう拡散ネットワークです。

［炎上対策、ガイドライン整備］

そもそも炎上が起きないような守りを固めたり、万が一炎上が発生したときの対処手順を明確にしておくことです。政治や宗教に関する投稿はしない、誹謗中傷や不快に思われるような投稿はしないなどガイドラインを整備しましょう。他にも日々エゴサーチを行い炎上の火種がないか探ることも有効です。炎上対策の論点ではないですが、くれぐれも薬機法（旧薬事法）・景表法などの法律を破った投稿をしないようにも、事前にレビューの仕組みを組み込むなど整えていきましょう。

図表 4–26　SNS マーケティングスキルマップ

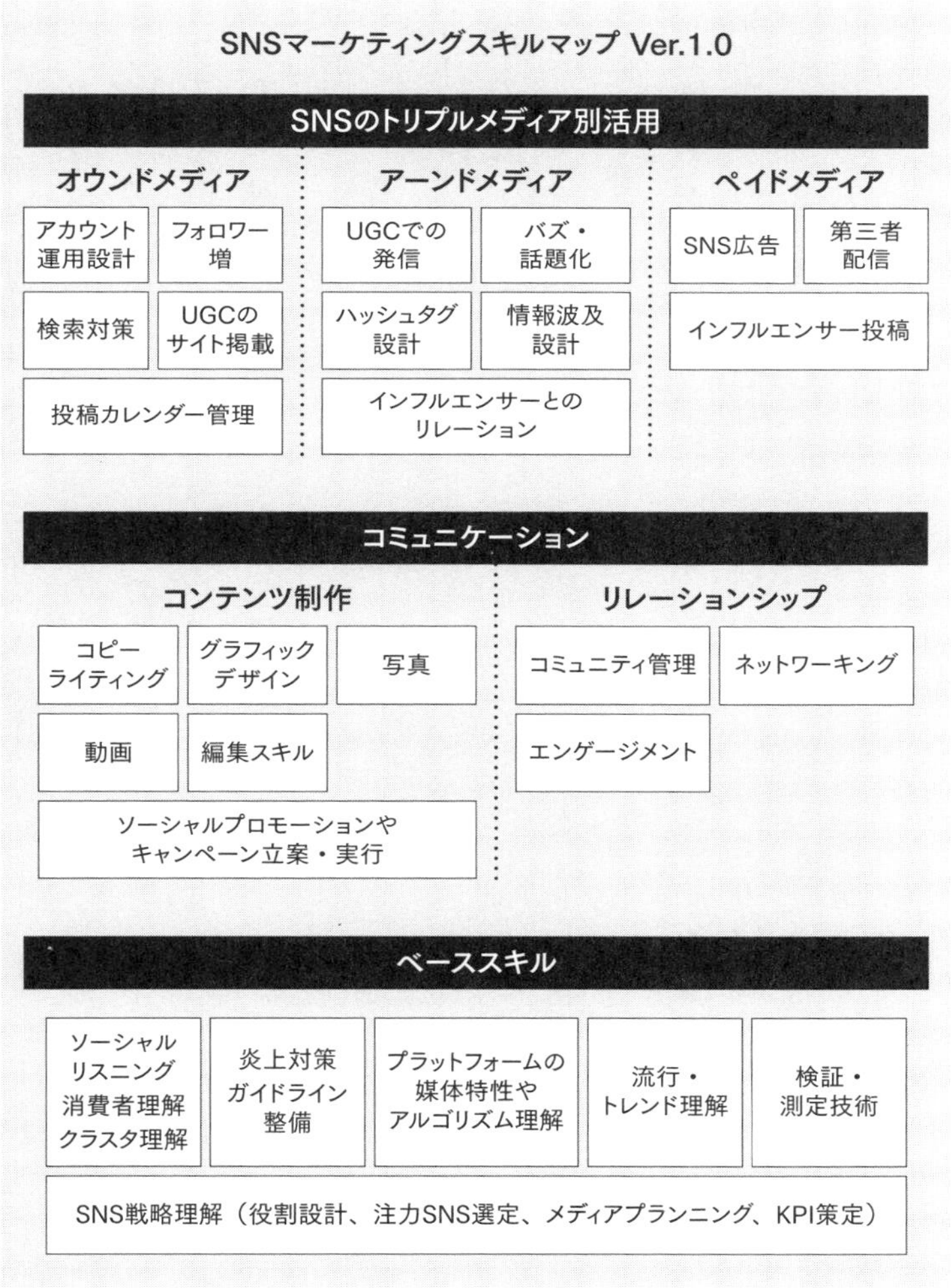
SNSマーケティングスキルマップ Ver.1.0
SNSのトリプルメディア別活用
オウンドメディア
アカウント運用設計
フォロワー増
検索対策
UGCのサイト掲載
投稿カレンダー管理
アーンドメディア
UGCでの発信
バズ・話題化
ハッシュタグ設計
情報波及設計
インフルエンサーとのリレーション
ペイドメディア
SNS広告
第三者配信
インフルエンサー投稿
コミュニケーション
コンテンツ制作
コピーライティング
グラフィックデザイン
写真
動画
編集スキル
ソーシャルプロモーションやキャンペーン立案・実行
リレーションシップ
コミュニティ管理
ネットワーキング
エンゲージメント
ベーススキル
ソーシャルリスニング 消費者理解 クラスタ理解
炎上対策 ガイドライン整備
プラットフォームの媒体特性やアルゴリズム理解
流行・トレンド理解
検証・測定技術
SNS戦略理解（役割設計、注力SNS選定、メディアプランニング、KPI策定）

［プラットフォームの媒体特性やアルゴリズム理解］

どうすればインプレッションが伸びるのか、今はどのような機能や仕組みになっているかを理解することです。SNSはアルゴリズムの変動が激しいため、キャッチアップが重要です。なお、アルゴリズムを理解しても、インプレッションを伸ばすことだけに最適化したメッセージばかりではダメです。購買意欲を刺激できなければ意味がありません。詳細は前述の鉄則6を参考にしてください。

［流行・トレンド理解］

世の中の流行、Twitter や Instagram 特有の空気感の理解などのことです。

［検証・測定技術］

PDCAのCの能力です。Twitter アナリティクスや Instagram インサイトやクチコミデータなどを見ながら、仮説を検証します。SNS内外のデータや定性面も確認しておきましょう。

［SNS戦略理解］

マーケティング全体像における各SNSの役割設計や、注力するSNSの選定、メディアプランニング、KPI策定など。

コミュニケーション

［コンテンツ制作］

SNSでの発信にコンテンツは必要不可欠です。昨今では動画SNSの存在感が高まっているため、テキストや写真だけでは不十分になってきました。内製できない場合には、制作会社と上手にタッグを組むときに必要なディレクション力、審美眼が求められます。

［リレーションシップ］

SNSは発信だけでなく、双方向のコミュニケーションや関係構築も重要です。ネットワーキングは、ネットワークを広げること。エンゲージメントはネットワークの人と深くつながることを指しています。

SNSのトリプルメディア別活用

［オウンドメディア］

SNSのオウンドメディア活用、いわゆる公式アカウント運用です。

図表 4-27　SNS のトリプルメディア別活用

分類	役割
オウンドメディア	● SNSアカウントのコンセプト設計 ● 投稿ウィークリーカレンダーの作成 ● 目的別の週次データ解析 ● Instagramハッシュタグ検索に対応したコンテンツ企画、制作
アーンドメディア	● ソーシャルリスニングを通じたUGCが発生する文脈のリサーチ ● プロダクト／サービスについてのクチコミの創出刺激 ● Twitterカンバセーショナルカードの企画、設計 ● ユーザー参加型ハッシュタグキャンペーンの設計
ペイドメディア	● 各種SNS広告媒体の特性理解（露出面、ターゲティング、配信メニューなど） ● Twitter広告のキャンペーン設計 →目的設計、ターゲティング、クリエイティブ ● インフルエンサー活用 →目的とあったキャスティング、企画立案

［アーンドメディア］

UGCやPR観点での施策のことです。

［ペイドメディア］

SNS広告施策のことです。一般的な媒体運用として Instagram 広告や facebook 広告や Twitter 広告、インフルエンサー施策などがあります。

スキルマップを手掛かりにする

筆者はこのSNSマーケティングのスキルマップを見返しながら、次に取る一手を考えることもあります。見ていると「アルゴリズム対策に改良の余地があるな」「インフルエンサーマーケティングは深掘りしていなかったな」など、さまざまなアイデアが浮かんできます。また、チームがどのフェーズに課題を抱えているか、どの部分で得意・不得意があるのか、探し出しやすくなります。

SNSマーケティングにおいて、日々の仕事の8割は「企画、実行」です。成果が出る活動に時間を注ぎ、その行動の質を高めるためには、チューニングにかかっているといえます。例えば、ホールディングス型の企業は、横串組織として各事業部・ブランドでSNSマーケティングを伴走して、アシストしていく専門チームが存在するケースがあります。SNS運用チームが事業部に所属していたり、後方部門に配置されていたりすることもあるでしょう。

横串組織であれば、より高い専門性も求められます。特に事業部や広報部に所属している場合、事業特性やプロダクト・サービス特有の大事なスキルをしっかり把握し、その上で施策を実行することになります。

広報では、コーポレートPRやマーケティングPRを使い分け、企業アカウント、商品アカウントをそれぞれどう運用していくかの発想も重要です。自社の組織構造や商品・サービスの特徴に応じて、どのようにSNS戦略を実行するか、実行するための組織をどう作るか、こういった観点で、仕組みを整えましょう。

昨今ではショート動画が各プラットフォームのメインコンテンツになりつつあります。ショート動画を使ったマーケティングを進めていく場合、動画制作ができるチームを作っていくのはもちろん、メンバーには、社外を含めディレクションができる人材、炎上対策やガイドライン整備ができる人材も必要です。こうした「リソース調達の設計図」を描くのも欠かせない工程です。

「今期のSNS戦略はこうしていこう」「じゃあ○○のスキルがいるな」や、「この辺りを今後強化していこう」「じゃあうまく内製化しよう」など、戦略によって必要なスキルやリソースが異なってきます。内製化する場合も、自社で育成をするのか、他の部署から異動させてくるのか、それとも採用で新しく人材確保するのか、はたまた外注をしていくのか。置かれた状況を鑑みて、最適な選択肢を選んでいかなければなりません。

経営への提言

SNSが顧客接点の一丁目一番地になりつつあります。一方で多くの企業では経営戦略・マーケティングとSNSが分断しているように感じます。鉄則3にもあるとおり単体のアカウント運用ではうまくいきづらいものです。また、SNSのトリプルメディアでの活用、**他の媒体との一貫性や連動させる発信**が重要です。売り場の情報を積極的に拡散していくことで集客に良い影響が出せるのに、在庫調整ミスによる欠品が起きていたら施策は成功しません。

ＳＮＳを情報の配信先の一つとして捉えてＳＮＳ担当業務だけが孤立していないでしょうか。商品便益についての意見や、パッケージデザインについての感想をＳＮＳからも拾えます。ＳＮＳが起点となってＰＲ展開を仕掛けることもできます。**ＳＮＳは多くの部署が関わるのです。ＳＮＳ担当部門だけ、マーケティング部門だけではありません。**チグハグになっていないか、一度総ざらいしてみませんか？　全体最適を目指しましょう。

また、ＳＮＳの活用をインターン生に任せるケースが見受けられますが、「ＳＮＳ活用がアカウント運用の単体の施策で終わっていないか」「深い戦略理解がないのでは」……と懸念が生まれてしまいます。配置した人材のスキルによって、成果は大きく左右されます。

もし社内にＳＮＳの活用を担う人材がいないのであれば、その道の〝プロ〟を呼んで、施策を整えてもらう方法も有効です。採用や配置転換という手段もあります。

ＳＮＳの投稿内容やクリエイティブは真似されやすいですが、組織構造や組織能力は模倣されにくい性質があります。良い組織、良い実行力を築けば、企業としての競争優位性も自ずと高まっていくことでしょう。

鉄則7のまとめ

- 戦略を実行できる組織を作れているか、短期的・中長期視点で確かめよう
- マーケティングの全体像がわかる人間を、SNS活用にも絡ませよう
- 戦略策定と同様に、組織づくりもトップアジェンダ

第4章のまとめ

この章では戦略策定の方法から投稿アイデア発想法まで紹介しました。各鉄則にまとめを作っていますので、定期的に振り返りながら自社の状況を照らし合わせ、今後の行動に落とし込んでください。

これまでの章で解説してきた1対nからN対nの情報伝播の変化、そしてユーザー行動を追い風にするULSSAS、具体的なUGCの呼び水投稿などがつながったのではないでしょうか。

繰り返しになりますが、SNSイコールアカウント運用だけではありません。トリプルメディアで切り分け、自社の商品カテゴリーではお客様はどのようにSNSと関わっているのかを知ることで、より効果的な多面的なアプローチが可能になります。

本章で紹介した7つの鉄則を活用して、情報発信力の強化につなげてみてください。

また、自分がバズる体験ではなく、UGCがバズる体験もしてみて欲しいです。お客様が自社ブランドについて取り上げてくれて、それがバズっている様子を見ると、とても幸せな感情がわいてきます。人間のホルモンでいうドーパミン的な興奮というよりも、オキシトシン的で、お客様のお役に立って嬉しいという感情です。

おわりに

本書を最後までお読みくださり、ありがとうございます。本書が皆様のお役に立てれば嬉しい限りです。

ULSSASや言及在庫メソッドなどは、UGCをいかに生み出し、いかに拡散していただくかを中心に考えられたものです。SNSといえば「中の人」というイメージが未だ強いですが、主役はお客様です。

書籍の感想は、ぜひハッシュタグ「#SNS黒本」とつけて投稿していただけると嬉しいです。可能な限りリアクションさせていただきます。

本書の執筆にあたり、多くの方々のサポートと協力がありました。心からの感謝の気持ちを述べさせていただきます。また、この本に関わるすべての方々にも深い感謝の意を表します。

中国SNSの知見をご提供してくださったNOVARCA（旧トレンドExpress）社長の濱野智成さんと旧トレンドExpress広報の石橋さん、拡散メカニズムの事例として紹介させていただいたまるかつさん、ダークソーシャル調査に対して有識者コメントをくださったみる兄さんと三川夏代さんとりょかちさん、ULSSASとインフルエンサーマーケティングの事例として紹介させていただいたジョンソンヴィルさん、ULSSAS消費者行動についてコメントをくださったペイディの海宝さん、ULSSASについてコメントをくださったロックバンド「凛として時雨」のドラマー・ピエール中野さん、ユーザーコミュニケーションの事例として紹介させていただいたアイラップさん、インフルエンサーの事例として紹介させていただいたリロ氏さん、社員インフルエンサーの事例として紹介させていただいたミルボンの池田さんとVioletの武者ひなのさん、スタッフSNS活用の事例として紹介させていただいたTSIの安野さんと菅沼さん、SNS動画の事例として紹介させていただいたLITHONさん、UGCの事例として紹介させていただいたニッコースタイル名古屋さん、個人アカウント活用の事例として紹介させていただいた山西牧場さん、本当にありがとうございました。

倉内夏海さん、成神佳彰さん、澤山モッツァレラさん、私がエレンさん、北原一輝さん、山本明生さん、辻元気さん、佐藤慈英さん、相良奈都希さんをはじめとする、ホットリンクのメンバーにも感謝を。原稿作成にあたり、東田俊介さん、後藤結衣さん、黒田泰孝さんにも協力いただきました。

また、本書の制作以前からSNSのデータ分析を支えているホットリンクの開発本部のメンバーの皆さんにも感謝申し上げます。このデータ分析の基盤や研究成果があるからこそ、再現性の高いSNSマーケティング支援が可能になっているといつも思います。

ホットリンクCEOの桧野さん、SNSマーケティングのすべては桧野さんから教わったといっても過言ではありません。改めてありがとうございます。

制作にあたり伴走してくださった編集者の栗野さん、日経BPの皆様、本当にありがとうございました。そして執筆の時間をくれた家族にも感謝します。

変化が激しいSNSも、人間が作って人間が使っているものです。SNSを通じて、あなたの自慢の商品を世に届けていきましょう！

2023年7月

飯髙悠太、室谷良平、鈴木脩平

主要参考文献

朝山高至『ゼロからわかるビジネスInstagram』(SBクリエイティブ)
安藤和代『消費者購買意思決定とクチコミ行動』(千倉書房)
飯髙悠太『僕らはSNSでモノを買う』(ディスカヴァー・トゥエンティワン)
井上岳久『広報・PRの実務』(日本能率協会マネジメントセンター)
エマニュエル・ローゼン［著］、濱岡豊［訳］『クチコミはこうしてつくられる おもしろさが伝染するバズ・マーケティング』(日本経済新聞出版)
音部大輔『なぜ「戦略」で差がつくのか。』(宣伝会議)
オリバー・ラケット、マイケル・ケーシー［著］、森内薫［訳］『ソーシャルメディアの生態系』(東洋経済新報社)
片山義丈『実務家ブランド論』(宣伝会議)
神田昌典『口コミ伝染病』(フォレスト出版)
菊盛真衣『eクチコミと消費者行動』(千倉書房)
五勝出拳一、飯髙悠太、江藤美帆［著］、澤山モッツァレラ、甲斐雅之［編］『アスリートのためのソーシャルメディア活用術』(マイナビ出版)
佐々木裕一『ソーシャルメディア四半世紀』(日本経済新聞出版)
敷田憲司、室谷良平［著］『1億人のSNSマーケティング　バズを生み出す最強メソッド』(エムディエヌコーポレーション)
ジャック・アタリ［著］、林昌宏［訳］『メディアの未来』(プレジデント社)
高広伯彦［著］『次世代コミュニケーションプランニング』(SBクリエイティブ)
西口一希『実践顧客起点マーケティング』(翔泳社)
バイロン・シャープ、アレンバーグ・バス研究所［著］、前平謙二［訳］、加藤巧［監訳］『ブランディングの科学』(朝日新聞出版)
濱岡豊、里村卓也［著］『消費者間の相互作用についての基礎研究』(慶應義塾大学出版会)
本田哲也『戦略PR 世の中を動かす新しい6つの法則』(ディスカヴァー・トゥエンティワン)
マルコム・グラッドウェル［著］、高橋啓［訳］『急に売れ始めるにはワケがある』(ソフトバンククリエイティブ)
森岡毅『マーケティングとは「組織革命」である。』(日経BP)
山本晶『キーパーソン・マーケティング』(東洋経済新報社)
リチャード・P・ルメルト［著］、村井章子［訳］『良い戦略、悪い戦略』(日本経済新聞出版)

索　引

〈執筆者紹介〉

飯髙悠太（いいたか・ゆうた）

株式会社GiftX　代表取締役

2014年株式会社ベーシックにて、マーケティングメディア『ferret』を立ち上げ、執行役員に就任。2019年株式会社ホットリンクに入社し、執行役員CMOに就任。2022年6月に「ひとの温かみを宿した進化を。」をテーマに株式会社GiftXを共同創業し、「おもいが伝わる。ほしいを贈れる」選び直せるソーシャルギフト「GIFTFUL」運営。現在、企業のアドバイザーやマーケティング支援も実施。著書に『僕らはSNSでモノを買う』（ディスカヴァー・トゥエンティワン）『現場のプロが教える！BtoBマーケティングの基礎知識』『アスリートのためのソーシャルメディア活用術』（ともに共著、マイナビ出版）がある。

室谷良平（むろや・りょうへい）

株式会社スノードーム　代表取締役

函館高専情報工学科卒。オリンパスメディカルシステムズ、ネットリサーチ企業、人材ベンチャーでのマーケティング職を経て、2019年に株式会社ホットリンク入社。2022年に同社マーケティング本部長就任、BtoBマーケティング・広報・インサイドセールスを統括。SNSコンサルティングにも従事。2023年7月にマーケティング支援と人材育成を行う株式会社スノードームを設立。著書に『1億人のSNSマーケティング バズを生み出す最強メソッド』（共著、エムディエヌコーポレーション）『現場のプロが教える！BtoBマーケティングの基礎知識』（共著、マイナビ出版）がある。北海道長万部町出身。

鈴木脩平（すずき・しゅうへい）

株式会社ホットリンク　執行役員　アドテクノロジー事業・CNS事業担当

エン・ジャパン株式会社や楽天株式会社（現・楽天グループ株式会社）、KDDI株式会社を経て、2018年に株式会社ホットリンクに入社。ファッションメーカーや出版社、決済サービスを扱う企業などに、SNSマーケティングのコンサルティングを実施。現在は執行役員として、アドテクノロジー事業・CNS事業を担当。

SNSマーケティング7つの鉄則

2023年8月9日 1版1刷
2023年8月28日 2刷

著者――――――― 飯髙悠太 室谷良平 鈴木脩平

発行者―――――― 國分正哉
発行――――――― 株式会社日経BP
日本経済新聞出版
発売――――――― 株式会社日経BPマーケティング
〒105-8308
東京都港区虎ノ門4-3-12

ブックデザイン――― 野網雄太（野網デザイン事務所）
DTP――――――― マーリンクレイン
印刷・製本――――― 三松堂

ISBN978-4-296-11370-5

本書籍に関するお問い合わせ、ご連絡は下記にて承ります。
https://nkbp.jp/booksQA
Printed in Japan